做
最
好
的
家
长

陪伴，既是父母爱的完美
释放，又是孩子成长最缺
乏的精神滋养！著名儿童
教育专家小巫就认为：最
好的家教是陪伴。

编著 钟雪亮

煤炭工业出版社
·北京·

图书在版编目（CIP）数据

做最好的家长／钟雪亮编著．－－北京：煤炭工业
出版社，2014（2017.4 重印）

（成功家教直通车）

ISBN 978－7－5020－4523－4

Ⅰ.①做…　Ⅱ.①钟…　Ⅲ.①家庭教育　Ⅳ.①G78

中国版本图书馆 CIP 数据核字（2014）第 088804 号

煤炭工业出版社　出版

（北京市朝阳区芍药居 35 号　100029）

网址：www. cciph. com. cn

北京一鑫印务有限公司　印刷

新华书店北京发行所　发行

*

开本 720mm×1000mm¹/₁₆　印张 13

字数 170 千字

2014 年 8 月第 1 版　2017 年 4 月第 2 次印刷

社内编号 7366　定价 25.80 元

前　言

　　孩子是家庭的希望。父母呕心沥血，含辛茹苦，为的是自己的孩子能健康快乐地成长，成为一个有出息的人。"望子成龙，望女成凤"是每一位家长共同的凤愿。孩子每天接触最多的就是家长。父母是孩子的第一任老师，家庭是孩子进入的第一所学校。家庭教育潜移默化地影响一个人的性格、处事方式和道德修养，而这些都会影响孩子一辈子。一个拥有好的性格、品行高尚的孩子，要比只有学习好的孩子更有前途；相反，一个人如果只拥有丰富的知识，但却没有良好的品行，那就是一个危险品。学校教育与好的家庭教育结合起来，才能让孩子成为德才兼备的人，将来也必定会成为对社会有用的人。

　　所以家庭教育在孩子的成长过程中占据着非常重要的地位，而在家庭教育中，家长扮演着非常重要的角色。怎么样做一个好家长？怎样把自己的孩子培养成一个优秀的人才？怎样让自己的孩子快乐地生活？很多家长都在为这样的问题苦恼着，而且现在的家庭教育存在很多误区，家长为孩子操碎了心，却换来了自己和孩子之间深深的鸿沟。

　　现在很多的家长都觉得教育孩子是一件非常累的事情，孩子身上的小缺点、小毛病反反复复地出现，让家长伤透了脑筋。为了教育自己的孩子，什么样的方法都尝试过，到最后却没有收到成效，这让很多家长感到非常困惑。

　　怎样才能把自己的孩子教育好？什么样的家庭教育才算成功的？家长在家庭教育中怎样才能扮演好自己的角色？孩子眼中的好家长是什么样子的？这是很多家长苦苦思索的问题。

　　教育好自己的孩子先从做一名合格的家长开始，陪孩子一起成长，给孩子一片自由发展的空间，用无私的父爱母爱温暖自己的孩子，用鼓励的眼神给他们前进的勇气，以孩子能接受的方式告诉他你应该成为一个怎么样的人，怎样才能成为这样的人。在孩子成长的路上，和孩子一起经历风风雨雨，让他们知道无论什么时候家长都永远支持他们。

　　《做最好的家长》处处闪耀着教子的智慧，告诉你怎样才能把家长的角色扮演好。文中主要通过一个个生动的小故事，传达全新的教子理念。故事虽然简短，但是传达的意义明确。每个小故事后面都附有"告诉家长的小哲理"这一板块，言简意赅地对故事蕴含的教子理念进行精到的解读，从而引领你走出教子的误区，掌握科学的教子方法。

　　希望通过阅读此书，能给正在因教育孩子而困扰的家长带来一点启迪，在教育孩子的道路上少走一些弯路，让孩子成长为优秀的人才。

目 录

上篇
好家长教你做会"陪伴"的好家长

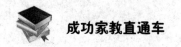

第一章　做好家长，从做好自己开始

名人名言

应该使每个人懂得：在社会面前，他的责任和对社会最重要的义务，就是教育自己的孩子。孩子的首席教育者，第一任教师，就是母亲和父亲。

——苏霍姆林斯基

好家长要学会剖析自己

卡耐基有个侄女名叫约瑟芬·卡耐基，离开老家堪萨斯市到纽约来，卡耐基叫她给自己当秘书。那一年，约瑟芬·卡耐基 19 岁，虽然高中毕业已经 3 年，可是没有干过什么实际工作，做事经验也几乎等于零。现在一下子就成为叔叔的秘书，很多事情都让她感到陌生。

在刚刚开始工作的时候，约瑟芬·卡耐基由于手忙脚乱总是出错，卡耐基少不了严厉的批评和责怪。可是这样做的效果并不明显，因为约瑟芬·卡耐基越是因批评而紧张，越是犯下更多的错误。

有一天，约瑟芬·卡耐基又出错了，卡耐基正想批评她，可是他忽然转过来这样想："等等，戴尔·卡耐基！你想想，你年纪要比你的侄女长很多，你的经验可能是她的很多倍。既然如此，你为什么总希望一个19岁的女孩儿与你一样呢？你的观点、你的判断力、你的冲劲……在你看来，这可能是最平常的，是微不足道的，可是在你侄女看来，那可是很神秘的，并且你19岁的时候又能做些什么呢？"

卡耐基19岁的时候，干过很多的蠢事，也犯过不少错误。经过这样一想，他的心态自然平和了很多。约瑟芬·卡耐基只有19岁，她的表现比自己当年好多了，自己应该感到惭愧，自己并没有经常去鼓励自己的侄女。

自从那次以后，每当约瑟芬·卡耐基出现错误，他总是这样说："约瑟芬，你现在又犯了一个错误，可是上帝知道，我所犯的错误比你更多更糟糕，你不可能天生样样精通，经验只能从实践中去总结。你比我年轻的时候强多了。我自己那个时候曾经做过很多愚蠢的傻事，所以我根本不想批评你，甚至不想批评任何人，哪怕这对你是绝对有好处的。可是如果你不这样做，那不是更好吗？"

经过一段时间的训练，约瑟芬·卡耐基成为了西半球最完美的秘书之一。

告诉家长的小哲理

如果做家长的勇于剖析自己，就会发现，自己的很多人生经验也都是从"吃一堑长一智"中走过来的。所以，面对孩子所犯的五花八门的错误，家长应该明白：我们教育孩子的最终目的，是指导他们健康地成长，而不是埋伏在孩子身边当"间谍"，对他们那些在成长过程中难免出现的错误进行责骂和批判。

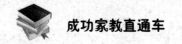
父母不应该悲观地看待孩子的缺点

李老师忙碌了一天，刚吃完饭躺下来喘口气，又接到一个电话，她勉强站起来，拿起手机，接通了电话。是小宇的妈妈，今天小宇家庭作业没有带。

电话那头，小宇妈妈怀有歉意地说道："对不起老师了，我们家小宇给您添麻烦了！这孩子写作业总是很慢，我们每次都说他，就是不管用！"

"那你们督促他写作业了吗？"李老师柔声问道。

"唉，这孩子比较笨，作业写得特别慢，我和他爸爸工作又忙，有时候就无法看他作业了！"小宇妈妈叹了口气道。

从小宇妈妈三言两语中，李老师似乎觉察出什么，然后问道："是不是您平时在家经常会说小宇比较慢啊？"

"是的，我们家儿子我最了解，写作业真是太慢了，每次我们都说他，但是一点效果都没有！还有，我感觉我儿子胆子太小，我们经常为这事教育他，但是不管用！"小宇妈妈回答道。

"那也就是说，您除了经常说小宇动作太慢，还经常数落他胆小对吗？"李老师继续追问道。

小宇妈妈答道："是呀，我们有时候为了激励他，就要求他胆子要大，我在家有时候是会经常数落他的，是希望他能像别人家孩子那样，跟老师大胆地交流。"

"可是您一直在小宇的缺点上加以强化，不但不会激发孩子的雄心壮志，反而会给孩子一种消极的暗示，让孩子越发觉得自己比较慢、比较胆小、比较笨啊！"李老师帮着分析道。

"哦，这个问题，我们平时倒没有注意过，我和他爸爸文化水平也不高，教

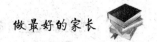

育孩子，我们也不知道怎么样为好！"小宇妈妈真诚地说道。

从接电话开始，小宇妈妈就多次对老师表示，小宇是如何地慢、如何地胆小、如何地笨。为什么会这么说，仅仅是看到别人家孩子动作快、胆量大、可以和其他人很自然地交流，而且有的孩子还比较聪明，成绩特棒吗？

告诉家长的小哲理

生活中，我们经常见到这样的情形，很多家长在跟人交流时，总是数落自己孩子的种种不是，好像夸夸自己的孩子是多么难的事情。仔细想想，我们为什么总是习惯性地盯着孩子的缺点呢？要知道，当家长悲观地看世界时，孩子也受其影响，内心充满灰暗。每个孩子都有自己的优点，家长为什么不表扬一下孩子的优点呢！

言传身教胜过千言万语

上一年级的玲玲下午放学时，妈妈去接她，发现她满脸不开心，可无论玲玲妈怎么问，玲玲都不肯说。后来玲玲妈从她的班主任老师那里了解到，原来玲玲上学迟到后被任课老师关到了门外，当时不只玲玲一个人，还有其他几个同学。可是玲玲从没有被关在门外的经历，所以在精神上受到了打击，再加上由于迟到而没能听全课上的内容，下课后无法完成老师布置的作业，所以玲玲感到十分委屈和不安。知道原因后，玲玲妈安慰她道："玲玲是最棒的，上课迟到一定是有原因的，作业不会做是因为没有听到课嘛！如果听到老师讲的内容，玲玲一定能写出来！"得到妈妈的肯定，玲玲不再那么伤心了，又慢慢地高兴起来。

玲玲是一个好胜心很强的孩子，总是把自己看成是最棒的，因为这次所受的小小惩罚，她感到自尊心受到了伤害，以至于不想再去上学了，显然她是心理产生了抵触情绪。

　　不过等到第二天上学时，玲玲似乎已经忘记了昨天的事，又兴冲冲地跟着妈妈一起去赶班车，可一不小心，她被不平的地面绊倒了，双腿膝盖都被擦伤了。强烈的疼痛和慢慢渗出的血迹，让她感到害怕，所以又伤心地哭了起来。玲玲妈赶紧抱起玲玲，一边鼓励她，一边到药店买药水处理了玲玲的伤口。玲玲的哭声停止了，可是嘴里却一直叫着"疼——"，不肯自己走路，蜷在妈妈怀里让妈妈抱。

　　玲玲妈只得抱着玲玲上了班车。玲玲妈知道，其实玲玲嘴里喊"疼"的原因，并不是伤口很疼，而是精神过于紧张。当孩子意外受到伤害时，作为家长不要在孩子面前过于紧张，只要在安慰和包扎伤口的过程中淡然处理，孩子就不会感到压力太大，否则孩子将会因为过度恐惧而退缩不前，于是，玲玲妈就安慰玲玲说："不要再喊疼了，你越是喊疼就会越疼。"接着玲玲妈又从包里掏出零食给她吃，转移玲玲的注意力，玲玲果然不再喊疼了。

告诉家长的小哲理

　　有句古训"身有伤，贻亲忧；德有伤，贻亲羞"，意思就是说：当孩子的身体感到不适应时，家长会为孩子担忧；可是当孩子的道德上有缺失时，就会使家长失去面子。

　　对于孩子来说，坚强并不是想学就能学得会的，而是在困难、危险、挫折、失败的经历中逐渐形成的。所以，家长在孩子还小的时候，就要通过有意识的引导、教育和磨炼，使孩子逐渐学会面对困难、危险，使其养成坚强的品质。

不为自己的虚荣心把自己的孩子和别人相比

一天，冉冉的妈妈到学校里来找老师，一进门，还没有坐下，就迫不及待地问："黄老师啊，我们家冉冉成绩怎么老是上不去啊？"

黄老师一愣，冉冉成绩不是挺好吗，怎么还这么说啊。于是就问了一句："你想冉冉成绩达到什么样的水平啊？"

"我看你们班周倩成绩就老是第一，我觉得我们家冉冉跟她差不多，怎么每次都考不过她啊！"冉冉妈妈继续说道。

"上次考试，冉冉考了第 2 名，只比第 1 名的周倩低 2 分，这样的成绩已经很理想了啊！"黄老师分析道。

"哎呀，这样的成绩跟人家 XX 学校的成绩简直不能比，我们家冉冉到他们那边去，估计要排在班级中下游了。"冉冉妈妈不听黄老师分析，抢话道。

黄老师听她这样说，也无语了。冉冉妈妈还在喋喋不休地说着，坐在一个办公室的秦老师实在看不下去了，就问了句："您一会儿要求这样，一会儿要求那样，那是孩子的想法吗？您要求孩子成绩达到那么高的水平，孩子的真正实力能达到吗？第 1 名永远只有一个，为什么就不能做比第 1 名低 2 分的第 2 名呢？"

面对秦老师一连串的反问，冉冉妈妈意识到自己太着急了，有点不好意思地说道："我也不是非要这样，就是觉得人家孩子成绩都那么好，总想我们家冉冉也能到那么个水平！"

黄老师接过话茬道："但是这样的想法并不是孩子真正想要的，只是你想要的，是你的攀比心理引导你这样想的，假如换个角度想，也许你就不会像刚才那么讲了！"

经黄老师这么一开导，冉冉妈妈也笑着说："其实反过来想，我们家冉冉还

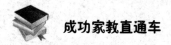

是非常优秀的，至少成绩在班级前 3 名之列，是班级的尖子生了！"

告诉家长的小哲理

很多家长都有这样的心理，其实道理都明白，孩子的成绩已经达到了一定的水平，就一山望着一山高，总想孩子的成绩无限制地增长，总是不切实际地盲目攀比，认为别人有的，自己的孩子也要有，甚至不惜一切代价地要替孩子达到。这样的态度，对孩子的成长是极为不利的。家长是孩子的第一任老师，假如我们为了自己的虚荣，不断地拉着孩子盲目攀比，不顾孩子的感受，孩子对学习就会失去兴趣，只在乎结果，也会变成为达目的而不择手段的人。

耐心温和地对待孩子

王林的孩子今年上初一，在小学时也是非常聪明乖巧的孩子，学习成绩不说是尖子，但也不算很坏，因此王林从来也没有为孩子的学习多费过心，别人也都夸她的孩子聪明懂事，嘴也甜。这一点一直让王林非常骄傲和自豪。可是孩子上初中后，学习成绩却一落千丈，而且逆反心理严重。

去年一年的周末可以说是家里没有一天快快乐乐过，经常充满火药味。孩子英语不及格，王林急着找家教老师为他补课，结果一学期花了 4 千多，英语成绩还是照样不及格。王林很着急，怎么说孩子就是不听，你说往东，他就偏要西走，母子俩总是"话不投机半句多"，说不了两句就会吵起来。那一段时间做妈妈的王林非常痛苦，不知道该怎么办，对孩子说话也非常尖刻。

有次王林当着孩子的面，说："人家怎么养那么好的孩子，每次考试都那么好，我怎么养了个这么笨的孩子？"孩子脑袋反应特别快，立即回了王林一句，说："我怎么遇见了这么笨的妈妈，人家妈妈都是当经理的，你是干什么的？"

王林当时哑口无言。后来王林仔细反思，孩子的问题到底出在什么地方。或许是自己对孩子的态度出了问题？细细想来，自己对孩子的态度真的是越来越差。于是王林决定改正自己的态度，对孩子永远保持温和的态度。无论孩子做什么，王林总是用耐心温和的态度对待孩子。

三个月过去了，奇迹出现了，孩子和王林都发生了很大的变化，孩子不再和王林作对了，有什么事情还会主动地请教她，也知道关心人了，逆反情绪也不那么严重了。星期天王林去值班时，孩子还会嘱咐她说："妈妈，你放心去吧，我在家会管住我自己，路上要小心。"孩子写作业也比以前认真了，也知道努力上进了，每次周末回家都会和家教老师配合完成物理、数学等课程的学习。

又过了一段时间，孩子的成绩真的提高了不少，连老师都惊叹孩子进步得如此之快。这时候王林才知道温和教育的好处，现在孩子学习优异，又成了妈妈的骄傲。

告诉家长的小哲理

爱抚和温柔的力量远远超过愤怒。人生不如意十之八九，但我们要在工作中、生活中保持好情绪，让自己的好情绪感染孩子。只有这样家长才能和孩子一起成长，才能真正做一个懂孩子的人，才能成为孩子的朋友和最真挚的伙伴。

不能向孩子的不合理要求让步

苗苗是父母四十多岁时才得的独苗，所以父母对她百般宠爱，尽管家里条件一般，但是父母宁可自己省吃俭用，也都会尽量满足她的要求。为了苗苗能有一技之长，父母还为她买了钢琴，并专门请老师来家里辅导。但是苗苗并不满足，也不能理解父母的苦衷，常常和父母耍脾气。

一天晚上，一家人围坐在餐桌前吃饭，苗苗对妈妈说："妈妈，我们班的同学都穿名牌运动鞋，你看我现在穿的运动鞋多难看，也不舒服，明天也给我买一双名牌鞋。"妈妈听了，回答道："你现在穿的鞋刚买时间不长，我看就很好看，连卖鞋的营业员都说这是今年的最新款。"

"不行，这是什么破玩意……杂牌子，我就要名牌。"

妈妈听后对苗苗说："给你买钢琴已经花了家里的大部分积蓄，现在我和你爸每个月的收入都是刚好维持家用，咱们先不买了吧，等你爸爸涨了工资后，再给你买。"

"那得什么时候呀？不行！"

爸爸听了责怪道："你这孩子怎么这么不懂事呢！"苗苗听了，丢掉筷子就大哭大闹起来。

看着苗苗又耍赖起来，夫妻俩相对叹气，妈妈说："要不咱们再紧着点，就给孩子买了吧，你看孩子都有自尊心，别让同学看了，笑话咱们女儿穿得太寒酸。"爸爸说："这孩子现在胃口渐长，脾气也渐长，咱们是什么条件呀？能跟有钱人家比吗？"最后两人商量后决定先把这事放下，想等孩子慢慢想通了，就没事了。

可是一连两天过去了，苗苗放学回家不理父母，就连妈妈做好晚饭叫她，她也不肯出来。饿了就自己啃口方便面。到了第三天，父母实在撑不住了，担心孩子会饿坏或气坏了身体，于是他们向女儿妥协了。这之后，苗苗更是拿准了父母的弱点，一旦父母不能满足她时，就故伎重演，弄得父母苦不堪言。

告诉家长的小哲理

孩子经常会向家长提出这样或那样的要求，而好多要求并不是合情合理的；孩子经常犯这样或那样的错误，而一些错误是不可放过的。比如，追求名牌，原本有的东西还要买，原本不该花的钱还要花，上课不注意听讲、扰乱课堂纪律，不完成作业，逃学上网吧等。面对孩子的无理要求和错误，家长不可迁就，更不能屈服。

生活中的小细节家长要为孩子做好榜样

一天，诚诚的爸爸带着诚诚去商场买衣服，来到商场一楼的时候，听到一阵美妙的琴声，循声看去，看到商场一楼的大厅里，摆着一架钢琴，一个跟诚诚一般大小的小女孩正在优雅地弹着钢琴，诚诚爸爸见此情形，无奈地对诚诚说："你看人家弹得多好，你要是能像她一样就好了，从今天起，你那钢琴课要认真上，不许偷懒！"

诚诚被爸爸无缘无故批评一通，本来不错的心情被搅得一团糟。回到家后，吃过晚饭，爸爸就开始发布"命令"了："诚诚，你抓紧时间去写作业，今天该读的《放慢脚步去长大》这本书要看到36页，听到了吗？"

"哦……"诚诚正准备看《铠甲勇士》，被爸爸这么一叫，心里有些不高兴，但是还是慢腾腾地回答道。

把诚诚叫去写作业了，爸爸马上摸过遥控器，赶紧搜台，最近央视一套的《我的美丽人生》是他和诚诚妈妈两个人每晚必看的节目。不一会儿，电视剧时间到了，爸爸兴奋地喊道："老婆，《美丽人生》到了，快来啊！"妈妈正在厨房收拾，匆匆弄了一下，就跑过来跟爸爸一起看电视了。其间两人有说有笑，大声地谈论剧中的情节。诚诚在书房里听到爸妈的谈论，一点儿看书的心思都没有了，但是又不想去打扰他们，要不又要被爸爸教育一通："你自己不静下来，即使我们把电视机关了，你照样读不进去！自己的事情要自己处理好，不要处处都怪别人不好！"

在这样的氛围下，诚诚的成绩越来越差，最近的一次单元测验，数学才考了

87 分，回来后，被爸爸狠狠地"修理"了一番。在这样嘈杂的环境里，诚诚根本静不下心来，也越来越讨厌学习。

告诉家长的小哲理

生活中，很多家长对孩子的学习看似抓得很紧，几乎不给孩子喘息的时间。学习期间坚决不许孩子上网、看电视、看漫画书等。可是自己却经常有意无意地坚持一些在孩子看来并不好的习惯。要想引导孩子热爱学习，营造一个安静、和谐、积极向上的家庭氛围显得尤为重要。有些家长爱吃零食，尤其是妈妈们，这样一来就会带着孩子也爱吃零嘴；有些家长喜欢搓麻，长期耳濡目染，孩子对麻将肯定也特别感兴趣；有些家长喜欢看电视，那么孩子也会受其影响，喜欢坐在电视机旁。家长在生活中的很多小细节都无形中给了孩子极大的影响。

家庭教育不能忽视营造良好的家庭氛围

拉斯洛·波尔加，一个普通的匈牙利心理学者，他和太太对三个女儿的教育，至今已成为犹太教子的一个经典案例。就是这样一个普通的犹太家庭，却创造了一个世界奇迹。

他的三个女儿 苏珊、索非亚和朱蒂 是三位国际象棋史上的世界冠军！由波尔加三姐妹所组成的匈牙利国家队，在 1988 年的第十三届国际象棋女子团体赛中，夺得了世界冠军，结束了苏联队垄断了 30 年的国际象棋霸主地位！

什么样的家庭，创造了这样的奇迹和神话？是一个充满爱的家庭，拉斯洛·波尔加认为一个充满爱的家庭，对孩子的成长至关重要。

二女儿索非亚有一段时间很喜欢玩象棋排局。一次，大家都睡了，拉斯洛先生却发现索非亚还待在浴室里。这孩子在干什么呢？拉斯洛先生走了过去，发现索非亚在膝盖上摆弄着小棋子儿。拉斯洛先生幽默地对女儿说："你怎么还不让小棋子儿'休息'一下呢?"女儿撒娇地说："亲爱的爸爸,要是它们'休息'了,我就变得孤独了!"

又有一次,拉斯洛先生正和一位记者谈工作上的事,索非亚蹦蹦跳跳地跑了进来,一下子扑到拉斯洛先生的膝前,坐在了他的腿上,非要他看她的棋局。拉斯洛先生没有生气,他顺着索非亚的话题,向客人夸奖了她的进步,而且真的让索非亚展示了她的"作品",然后,再继续他和记者的工作。

正是在这样一种和谐、温馨、轻松的家庭氛围下,波尔加三姐妹才创造了举世瞩目的奇迹。

告诉家长的小哲理

家庭对孩子智力、个性、人格、社会化等方面有着重要影响,家长关系的好坏直接影响到孩子,家长又是孩子的第一任老师。因此,家长要尊重、关心、理解和信任孩子,支持他的兴趣、爱好和决定。能经常和他在一起,欣赏而不是挑剔他,以发展的眼光看待他。

有时家长应该向孩子学习

儿子在家里乱翻杂志,突然说："我准备到日本旅游一次。"因为他经常异想天开,毕淑敏置之不理。

他说："咦,你为什么不表态?难道不觉得我很勇敢吗?"

毕淑敏说："是啊,是啊,很勇敢。可是世界上有些事并不单是勇敢就够用。比如这件事吧,还得有钱。"

他很郑重地说："这上面写着,举办一个有关宗教博物馆建筑创意征文比赛,金牌获得者可以免费到日本观光旅游。"说着，他把一个海外刊物递给母亲。

毕淑敏看也不看地说："关于宗教，你懂得多少？关于建筑，你懂得多少？金牌银牌历来都只有一块，多么激烈的竞争。你还是好好做功课吧。"

他毫不气馁地说："可是我有创意啊，比如这个博物馆里可以点上藏香，给人一种浓郁的宗教气氛。这个博物馆里还可以卖斋饭，让参观的人从色香味立体地感受宗教。比如这个博物馆里可以播放佛教音乐，您从少林寺带回来的药师菩萨曲，听的时候就可以让人感到很宁静。比如……"

儿子仍然在絮絮叨叨地讲着自己的创意，但毕淑敏和多数母亲一样，对儿子的创意并不感兴趣，而且她也和多数成年人一样，对这些大胆的创意没有信心，她更关心的是孩子的成绩。对于儿子疯狂的举动，她叹了一口气说："好了，随你瞎想好了，不过我要提醒你一句，对于一个学生来说，我以为最好的创意莫过于一个好成绩了。"

很长时间过去了，当大家几乎淡忘了这件事的时候，毕淑敏的儿子收到了一封请柬，邀请他去参加海外颁布奖仪式。原来，他竟然获得了创意银牌奖！

这件事让毕淑敏感触很深。从儿子身上，她看到了后生可畏，看到了"初生牛犊不怕虎"的勇敢。在这方面，成年人和孩子比起来，的确是少了一些冲动和闯劲。

告诉家长的小哲理

向孩子学习，可能有些家长觉得不可理解。有的家长会说："我走的桥比孩子走的路都多；我吃的盐比孩子吃的米都多；我大学毕业，看的书摞起来比孩子的身高都高；我工作这么多年，有这么多的社会阅历和经验，我还向孩子学习什么？"

其实，家长细心一些，应该能感受到来自孩子的挑战，应该在某一个时刻感

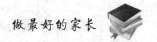

受到孩子的强大。家长曾经怯生生地让孩子手把手地教自己电脑知识；家长曾听孩子大谈特谈网络游戏而感到云遮雾绕；家长曾听到孩子谈论哪个体育明星如何如何。和家长比起来，孩子更乐于接受新事物，他们的自主意识比较强，他们追求平等，具有较强的法律意识和自我保护意识。这就是一种信号，这就是社会向家长发出的向孩子学习的信号！

尊重孩子的小秘密

一天晚上，王静的儿子朗朗写完作业，一边收拾书包，一边小声对妈妈说："妈，我告诉你个秘密，一定不能告诉别人。"

这时候王静的心里"咯噔"一下，猜想着刚上六年级的儿子能有什么秘密，会不会很严重。儿子看王静一脸紧张的样子，自己却偷偷地笑了："不是我，是我的同桌，他把手机带到教室里，上课时偷偷玩游戏，还偷菜呢！老师要是发现了，会当场把它摔烂的，还会叫家长来学校，后果很严重。所以，这个小秘密，我只告诉你，千万不能跟别人说。"

王静见过那个新来的男生，是一家超市经理的孩子，从小比较娇生惯养，爱玩爱动，就是不爱学习，是动用了层层关系，才勉强挤进这所重点小学的。得知儿子和他同桌的第一天，王静心里就一百个不放心，害怕因为他的不安分，影响到自己儿子的学习。

看来，事情真的有点糟，同桌居然在课堂上玩起手机来了，王静首先想到的就是应该给他们班主任打个电话，但朗朗却强烈反对说："不能啊！只有我知道这件事，我不能'出卖'同学！"王静耐心地告诉他这不是"出卖"，是为了帮助他好好学习。但朗朗依然不买账，坚持阻止妈妈这样做。王静想："看样子如果我坚持出卖了儿子的小秘密，以后，我们母子也要从朋友变成敌人了。"

于是王静想了想，向儿子保证不会说出去。第二天下班，王静特意逛到那个男生家开的超市，找了个借口，打听到了女老板的手机号码，然后给她发了一条短信："有时间多关心一下孩子，小心他沉迷于游戏，重点小学的校规很严呀！"女经理很快回复过来："你是谁？"王静又回复过去："不用知道我是谁，咱们都是爱孩子的妈妈。"她最后说了两个字："谢谢！"

第二天，儿子朗朗放学回来，急匆匆地问："妈，你给我们班主任打电话了吗？"妈妈说："没有啊，怎么了？"儿子松了口气说："不是你就好！不知怎么的，同桌的妈妈发现他偷偷玩游戏了，把手机给没收了。"王静听了只是笑笑，什么也没说。

告诉家长的小哲理

孩子有秘密是一件值得家长高兴的事情，这证明他正在成长。妈妈应该允许孩子有自己的秘密。当然也不能对孩子的秘密不闻不问，有的时候像朋友一样的交流能够帮助孩子打开心结，也能够让好妈妈更了解孩子，帮助孩子向更好的方向茁壮成长。

家庭教育重在培养孩子出众的能力

李嘉诚对两个儿子的培养教育抓得很早。他要求儿子生活上克勤克俭，不求奢华；事业上注重名誉，信守诺言。他特别教导儿子要考虑对方的利益，不要占任何人的便宜，要努力工作。

后来，李泽钜和李泽楷在美国斯坦福大学以优异的成绩毕业了，想在父亲的公司施展才华，干一番事业。李嘉诚沉思了片刻说："我的公司不需要你们！"兄弟俩都愣住了，说："爸爸，别开玩笑了，您那么多公司不能安排我们工作？"

李嘉诚说："别说我只有两个儿子，就是有 20 个儿子也能安排工作。但是，我想还是你们自己去打江山，让实践证明你们是否有资格到我公司来任职。"

兄弟俩这才恍然大悟，原来父亲是把他们推向社会，去经风雨，见世面，锻炼成材。

兄弟俩到了加拿大，李泽钜开设了地产开发公司，李泽楷成了多伦多投资银行最年轻的合伙人。李嘉诚在香港常常打电话问兄弟俩有什么困难他可以帮助解决。兄弟俩总是说："谢谢爸爸的关心，困难是有的，但我们自己可以解决。"

其实李嘉诚不过是随便问问，并不真的想帮助他们解决什么困难。当然兄弟俩对父亲的为人最清楚了，你真的求他帮助解决困难，他也不肯帮助。父亲的"冷酷"似乎不近人情，但兄弟俩理解他的良苦用心……

兄弟俩在加拿大克服了许多难以想象的困难，把公司和银行办得有声有色，成了加拿大商界出类拔萃的人物……

两年后，李嘉诚把兄弟俩召回香港，满面春风地说："你们干得很好，可以到我公司任职了。"并面授他们一些经验说："注重自己的名声，努力工作，与人为善，遵守诺言，这会有助于你们的事业。"

李嘉诚欣慰地看到两个儿子的迅速成长和出色业绩，终于可以放心地宣布退休了。

告诉家长的小哲理

古人说得好：授人以鱼，不如授人以渔。"鱼"可以吃一时，而"渔"可以吃一世。给出问题的答案很重要，但拥有解决问题的能力更重要。对于家庭教育来说，给孩子再多的财富都是可以花完的，而给孩子出众的能力，才是造福孩子一生的有力保障。

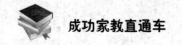

家长有正确的金钱观对孩子影响深远

学校要举行春游活动，当班主任钱老师宣布这个消息时，六（2）班的教室里开始沸腾了。芳芳和心怡坐在前后排，芳芳回过头来问道："心怡，这次春游，你准备带多少钱啊？"

心怡昂起头，想了一下说道："我准备带50元吧，你呢？"

"干吗带那么多啊？我带10元钱就够了！"芳芳说道。

"嗯？50元多吗？我也不太清楚哦。"心怡有点儿疑惑地说道。

晚上回家，心怡把春游的事情跟妈妈说了，并且问妈妈道："明天春游，老师说可以带一些零花钱，你说我带多少好啊？"

妈妈一句话也没说，从上衣口袋里拿出钱包，从中抽出100元，柔声说道："妈妈给你100元，你喜欢买什么就买什么，好吗？"

心怡看着妈妈给自己的100元钱，不解地问道："芳芳说只要带10元钱就够了，你为什么要给我100啊？"

"给你钱充足一点是不想你委屈啊！你要是用不完可以拿回来嘛！"妈妈随口说道。

第二天，大家如约出发。景点门口有卖手工艺品的，心怡带着100元钱，看见什么喜欢的就买下，不一会儿工夫已经花了30多元了。不知不觉到了中午，学校为每个人提供了快餐，心怡嫌快餐难吃，就去景区的餐厅买了汉堡来吃，又花了20多元，后来又买了些小玩具，等到回家时，她兜里的100元钱已经所剩无几了。

回到家后，妈妈看到心怡买了好多的小玩具，和心怡欣赏了一番，也没有谈钱用多少的事情。

心怡从小就是这样，爸妈从来不会在钱上委屈她，她要 10 块，爸妈就会给 20 块，总是给心怡足够的零花钱。平时，他们自己花钱也大手大脚的，有些东西本来可以在附近的超市买到，非要跑到专门的商店去买进口的，说这样可以提高生活品位。还有，好多家庭生活用品本来可以在网上购买，又省钱又省力，但是心怡爸爸觉得这样失去了购物的乐趣，非要开着车跑到几公里外的卖场去买。

告诉家长的小哲理

家长平时花钱就大手大脚，钱在孩子的眼里就会变成符号，孩子就会觉得钱来得太容易，不会珍惜钱，花起钱来也会大手大脚。家长是孩子最好的老师，如果家长对于金钱没有规划也没有正确的金钱观，那么将会对你的孩子造成不良影响。

把孩子培养成一个优秀的人是家庭教育的出发点

居里夫人作为一位杰出的女科学家，曾在仅隔 8 年的时间内分别摘取了两项不同学科的最高科学桂冠——诺贝尔物理学奖与诺贝尔化学奖，并且一生获得了难以计数的其他科学殊荣，可谓是智慧超群、硕果累累。她的长女伊伦娜是核物理学家，与丈夫约里奥因发现人工放射性物质共同获得诺贝尔化学奖；次女艾芙是音乐家、传记作家，其丈夫曾以联合国儿童基金组织总干事的身份接受瑞典国王于 1965 年授予该组织的诺贝尔和平奖。作为普通的母亲，居里夫人又是怎样培养和教育自己的子女呢？

居里夫人从整个科学生涯和人生道路上体会出一个道理：人之智力的成就，在很大程度上依赖于品格之高尚。因此，她把自己一生追求事业和高尚品德的精神都影响和延伸到自己的子女和学生身上，利用各种机会培养孩子形成良好的道德品格。

在丈夫皮埃尔去世以后，居里夫人开始一人担负起抚养孩子的重担。当时她经济上比较拮据，还得补贴一部分给科研。有人建议她卖掉与皮埃尔在实验室里分离出的镭，这在当时价值 100 万法郎。居里夫人则认为，不管今后的生活如何困难，决不能卖掉科研成果。她让女儿从小养成勤俭朴素、不贪图荣华富贵的思想。居里夫人毅然将镭献给了实验室，把它用于研究工作。后来她带着两个女儿赴美国接受总统赠送给她的 1 克镭时，也同样告诫女儿："镭必须属于科学，不属于个人。"

在第一次世界大战期间，居里夫人再次做出一项重大的决定：将诺贝尔奖金献给法国政府，用于战时动员。居里夫人还亲自带着 X 光机上前线服务，并带着伊伦娜随同前往帮助检查伤病员。战争结束后，法国政府向伊伦娜颁发了一枚勋章，这对年轻的姑娘来说真是极大的荣誉，这让居里夫人得以宽慰。孩子们成长起来了，尤其是伊伦娜在战时的经历使她变得更为成熟。

居里夫人的品德教育包括四个方面：

1. 培养她们节俭朴实、轻财的品德。她对女儿的爱表现为一种有节制的爱，一种有理智的爱。她对女儿生活上严加管束，要求她们"俭以养志"。她教育女儿说："贫困固然不方便，但过富也不一定是好事。必须依靠自己的力量，谋求生活。"

2. 培养她们不空想、重实际的作风。她告诫两个女儿："我们应该不虚度一生。"

3. 培养她们勇敢、坚强、乐观、克服困难的品格。她常与子女共勉道："我们必须有恒心，尤其要有自信心。"

4. 教育她们必须热爱祖国。除了教她们波兰语，居里夫人还以自己致力于帮助祖国科学发展和波兰留学生的行动感染伊伦娜和艾芙。特别让她们念念不忘

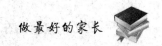

的是，母亲以祖国波兰来命名首次发现的新元素"钋"所表现出的赤子之情。

后来，她的孩子都成为对社会有用的人才，尤其是伊伦娜夫妇，不仅继承了居里夫妇的科学事业，也继承了他们的崇高品德。1940年他们把建造原子反应堆的专利权捐赠给了国家科学研究中心。

告诉家长的小哲理

对于孩子来说，家长应该有一个明确的方向，那就是把孩子培养成为一个优秀的人。培养一个优秀的人的关键是注意培养他的性格，而并非培养他的学问。从这个意义上来说，居里夫人不但是一个伟大的科学家，更是一位伟大的教育家。她深深地知道，做人是一辈子的事情，也是一个人成功立业的根本。正因为有了她成功的教育，才有了孩子未来的幸福。

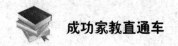
第二章　做好家长，就要"陪伴"孩子一起成长

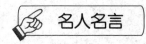

多蹲下来听孩子说话，你看到的将是一个纯真无瑕的世界！

——阮庚梅

把握孩子思想脉搏离不开"陪伴"

20 世纪 30 年代，一个叫玛格丽特的小姑娘出生在英国一个名不见经传的小镇上。玛格丽特逐渐长大了，父母总是给予她很严格的家庭教育。父亲经常向她灌输这样的思想：无论做什么事情都要力争一流，永远走在别人前头，而不能落后于人。上课你要争取坐在前排，听别人演讲你也要争取坐在前排，即使坐公共汽车，你也要永远坐在前排。父亲从来不允许她说"我不能"或者"太难了"之类的话。父亲告诉她只要努力去争取，就一定能做到，就没有什么难事。

对于年幼的孩子来说，这个要求可能太高了，但她所受到的教育在以后的岁月里被证明是非常宝贵的。正是因为从小就受到父亲的"严格的教育"，才培养了玛格丽特积极向上的决心和信心。在逐渐成长过程中，不论是对待学习、生活还是工作，她时时牢记父亲的教导，总是抱着一往无前的精神和必胜的信念，尽自己最大努力克服一切困难，做好每一件事情，事事往前争，事事争一流，以自己的行动实践着父亲"永远坐在前排"的理念。

玛格丽特上大学时，因为拉丁文很难学，学校要求学生用 5 年时间来学习。玛格丽特凭着自己顽强的毅力和拼搏精神，硬是在 1 年内学完拉丁文全部课程。她的考试成绩总是名列前茅，同学们对她不但另眼看待，而且还羡慕不已。玛格丽特不单在学业上出类拔萃，在体育、音乐、演讲及学校的其他活动方面也都一直走在前列，是学生中的佼佼者。校长评价她是建校以来最优秀的学生，说她总是雄心勃勃，每件事情都做得很出色。

几十年后，英国乃至整个欧洲政坛上出现了一颗耀眼的女明星，她就是连续四届当选为英国保守党领袖，并于 1979 年成为英国第一位女首相的玛格丽特·撒切尔夫人。玛格丽特·撒切尔夫人雄踞英国政坛长达 11 年之久，被世界政坛誉为"铁娘子"。

告诉家长的小哲理

孩子的思想总是随着年龄和周围环境的影响而不断变化的，他们的想法有时会过于天真、不切实际或有很大的偏差，这就需要家长细心地观察，经常与孩子交流，把住孩子思想的脉搏，并作适时的引导。

多抽出一些时间陪伴孩子

一位母亲刚读完一本教导人如何养育子女的书，想到自己身为母亲，实在有些疏忽的地方。基于这种自责，她到楼上找她的儿子，走到房门外面，她所听见的是震耳欲聋的鼓声。她心里有话要对儿子说。可是在敲了门之后，她又畏缩起来。

"有空吗?"她问。

儿子出来开门，"妈妈，你知道我随时有时间给你。"儿子说。

"孩子，你知道……我真的很喜欢你打鼓的样子!"

孩子说："真的? 好，多谢妈妈!"

说完了话，她开始下楼，走到一半，她才明白自己没有说完想说的话，于是回头上楼，再次敲门，"还是我! 你还有些时间吗?"她说。

他说："妈，我早说过了，我总有时间给你的。"

她走过去坐在床边。"我想跟你说些话，后来却没有说。我的意思是……你爸和我……我们真的觉得你很了不起。"

他说："你跟爸?"

她说："是的，你爸跟我。"

"好，妈，非常感谢!"

她离开了，可是走到一半，她又想到自己虽然几乎已把想说的话说出，却还是没有说出来。她本来想告诉孩子说她爱他。于是她再次上楼，再次站在门前，这次他听出母亲来了。

在她开口以前，儿子便大声说："有的，我有时间!"

母亲再次坐在床上。"儿子，你知道我已试过两次，却还没有说出来。我想上来告诉你的是——我爱你，我全心爱你，不是爸跟我都很爱你，是我爱你。"

他说："妈，这好极了。我也爱你!"他用力抱她一下。

她走出房间，正要下楼梯时，儿子探头出来说："妈，你有时间吗?"

她笑起来说："当然有的。"

"妈，"他说，"你是否刚参加完什么研习会回来……"

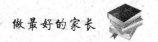

告诉家长的小哲理

为了孩子，我们倾注了全部的爱，我们拼命地工作，是为了给孩子提供一个优越舒适的学习和生活的环境，是为了让孩子生活得更好。然而，当我们把大量的时间和精力花费在工作和其他的事情上时却发现，没有给自己和孩子留下一点点的时间。留些时间陪陪孩子吧！这件事情比任何事情都重要。

让孩子参与到家庭事务中来

陈先生和妻子准备买一套新房子，他们挑来挑去，觉得有两个楼盘比较中意。但这时候，夫妻两人的意见却出现了不一致。

一天，夫妻俩又因为房子的事情争执起来。这时候，陈先生的女儿，上小学六年级的丽丽终于忍不住了，大声对爸爸妈妈说："你们要买房子怎么从来都没有征求过我的意见呢？"

两个人立刻停止了争吵，奇怪地看着丽丽，半天没说出话来。

"你能有什么意见，小孩子懂什么啊？"陈先生首先从惊异中醒过神来。

"就是，买房子是大人的事，你管这么多干什么？"妈妈接着说。

"买房子是全家人的事，我也是家里的一员，为什么不关我的事呢？"丽丽生气地问。

"可是你懂房子吗？小孩子好好学习就可以了，别管这么多闲事！"爸爸朝丽丽一摆手，很不耐烦地说。

"谁说我不懂，我知道爸爸要买新时代花园，我还知道，那里的房子根本不能买。"

"为什么不能买，你知道什么啊？"陈先生吃惊地问。

"新时代花园的旁边有一片空地对吧？那里马上就要建化工厂了，爸爸想以后天天都闻化工厂的怪味吗？"

"什么？化工厂？我怎么不知道？你听谁说的啊？"陈先生非常疑惑地问丽丽。

"我同学的爸爸是化工厂的厂长。那天我和叔叔说你们想买新时代花园的房子时他说不能买，叔叔告诉我化工厂马上就要搬过去，他还说化工厂的气味能熏死人呢！"

"真的吗？要真是那样，这房子就真不能买了。"陈先生自言自语地说。

后来，陈先生打听了一下，丽丽说的消息确实是真的。于是他在另一个楼盘买了一套房子，一家人乔迁新居，生活得非常幸福。

告诉家长的小哲理

孩子接触了这个世界以后，随着年龄的增长就逐渐形成自己的想法和观点。孩子的世界观和大人的世界观是不同的，孩子的思维能力有时候是很让人惊讶的。他们有自己独立思考的意识，这是非常难得的，家长不要去抹杀孩子的这种独立的思考能力。当孩子表达出了自己的观点和想法之后，家长首先应该赏识孩子提出自己想法的行为，然后就要尊重孩子的想法，对于他们的想法要认真地考虑，不要敷衍了事。

多"陪伴"才能听懂孩子的话外音

12岁的小雪和11岁的思嘉是一对表姐妹，每年假期时她们都要到姥姥家住一段时间，今年也不例外。当小姐妹俩在小雪妈妈的陪同下来到姥姥家小区的时候，碰巧有几个邻居在外边聊天，两个孩子非常有礼貌地向他们打招呼、问好。

一位邻居说："看妹妹已经长得比姐姐高了！"妈妈应声道："是呀，思嘉这段时间长得快。"小雪听了不自在地嘟囔道："我不想长太高。"接着，邻居又问："这学期考试成绩怎么样啊？谁学习更好呀？"偏巧妹妹这学期的成绩也要比姐姐高几分。这又问到了小雪的痛处，她先看了眼妈妈，然后抢先回答道："我们成绩差不多！"妈妈当时也没有多想，在旁补充道："都可以，思嘉好一些。"

妈妈还在与邻居聊着，不留意间，小雪已经甩掉了妈妈和妹妹跑到了最前面，自己先进了姥姥家。当妈妈带着思嘉进来的时候，发现小雪正坐在姥姥的身边抹着眼泪。小雪妈妈想起刚刚与邻居对话的情景，猛然醒悟过来，是自己无意间伤害了孩子的自尊心，是此长彼短的议论惹了是非。本来身高的问题已经造成小雪心里不愉快，又在成绩上输给妹妹。妈妈有些自责：本来孩子已经通过眼神暗示自己，又说"我们成绩差不多！"，自己怎么就没听出孩子的弦外之音呢？

于是，妈妈诚恳地向小雪道了歉并耐心地开导她。

这件事后，妈妈懂得了要真正了解孩子做到无障碍沟通，还要细心体味孩子的话，做到听话听音。

告诉家长的小哲理

在与孩子沟通时细心的家长能体味出孩子的话外之音，而粗心的家长即使已经和孩子产生了隔阂和距离，却浑然不知，还在一味抱怨孩子偏执、难以沟通。

家长是孩子最亲近的人，也应是孩子最值得信任的人，在孩子有心理诉求的时候，有心事的时候，他们多么渴望能得到家长的理解与回应呀！可是此时有些家长就解读不出孩子的暗示，听不懂孩子的言外之意。

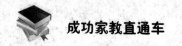

和孩子架起一座沟通的桥梁

张华家居住的社区，有不少网吧和游戏厅，儿子刚上小学时，每天从学校放学回家，都能看到路边的网吧和游戏厅里的孩子们打游戏、看电影、聊天等，觉得非常热闹好玩，于是，有几次放学后，都在网吧内和游戏厅凑"热闹"、看"稀奇"。

张华知道网吧游戏对孩子危害很大，一旦上瘾、着迷，那可就害人了。张华第一次发现儿子在游戏厅玩，就阴沉着脸批评他，毫不客气地限制。儿子见妈妈动真格的了，就乖乖地表示以后不再去看了！谁知，过了不久，他放了学，仍然不按时回家，还"编故事"来骗妈妈。要么说是去同学家玩了，要么说是在学校做清扫工作。经过张华一个个地查询，他的谎言很快就被"揭穿"了。

这时候张华很无奈，究竟应该为自己的儿子做些什么呢？儿子还小，总是批评是不行的。最后她决定和孩子好好地聊一聊。她首先问了儿子的去处，明知道儿子是在撒谎，但张华还是微笑着对他说："真的是这样么？好孩子告诉妈妈，你是不是又去了网吧？"儿子只好低下头："妈妈，我错了！"张华却一改严肃的表情，温和地对儿子说："真的吗？错在哪里？游戏很好玩。有的时候妈妈也想玩，但那是不健康的，所以就放弃了。"

接着，张华又开始苦口婆心地给儿子讲道理，用列宁小时候诚实不撒谎的故事来循循善诱、耐心教育，直到儿子为不诚实和撒谎后悔了，一再表示要改正错误。

接着，张华又把自己所知道的一个个故事和道理讲给他听，比如打游戏入迷，荒废学业；上网吧聊天，遇到骗子；进网吧没钱，惹出灾祸等等。张华还和儿子一起收看电视、报纸上的有关迷恋网吧和游戏酿成的悲剧故事。儿子看了也很感慨。为了正面引导孩子，张华给儿子买了《雷锋故事》、《孙悟空》和《葫芦娃》等连环画和动画片影碟给他看，以转移他的注意力。

渐渐地，儿子迷上了看书、看碟片，迷上了听故事。每天一放学，他就往家里跑，为的是看连环画和动画片。从此，他对游戏和网吧再没有兴趣了。这时候，张华才深深地舒了一口气。

告诉家长的小哲理

只要一句"真的是这样吗"，如果你用得恰当，就一定可以帮助孩子改掉说谎的毛病，它会让你和孩子的沟通变得简单，会为你和孩子架起一座桥梁，会让你和孩子的心灵心心相印。这就是妈妈的艺术，也是妈妈对孩子无微不至的爱。

耐心回答孩子提出的问题

"妈妈，我得了全省特等奖！"电话的一端，儿子小光迫不及待地向妈妈温碧茹报喜。

去年 11 月，小光报名参加了江苏省第 19 届金钥匙科技竞赛。报名之初是本着体验比赛、锻炼能力的心态，但令大家感到意外的是，小光居然获得了大奖。妈妈虽然略感意外，但还是十分高兴。

回忆比赛刚结束时，小光顺利地答完试题，曾骄傲地说："这种比赛无需复习，比拼的关键在于平时的积累，因为试题涉及的范围太广了。"由此可见积累的重要性，事实上，小光在很小的时候就已经开始积累了。

小光在两三岁时，也和其他孩子一样对自己的影子着迷，无论是站立还是走路，都会紧紧地盯着自己的影子，甚至会走着走着突然停下来转两圈，看自己影子的变化。当妈妈发现他有这个兴趣时，就有意识地在早晨、中午和傍晚等不同时段陪儿子一起看影子的变化。

"儿子，你的影子好长啊!""咦，小光，你的影子怎么变短了呢?""你的影子跑到前面去了……"在妈妈温碧茹的提示下，小光开始提问了:"妈妈，为什么影子会有长有短?""妈妈，小光没有变，为什么影子会不断地变幻呢?"

此时，妈妈找来手电筒，又拿来各种玩具，然后开始和小光做游戏。电筒忽远忽近，从这边过渡到那边……渐渐地，小光开始明白，随着手电筒位置的转移，影子的长短会随之改变;影子的长短与玩具和手电筒之间的距离有关。"太阳、月亮和路灯就像手电筒，小光和妈妈就像玩具一样，这个道理你能明白吗?"小光郑重其事地点点头。望着儿子那稚嫩的小脸，温碧茹淡淡地笑了。

在小光出生的 11 年里，父母对他的求知欲和好奇心都会极大地满足:重视他的每一个提问，能回答的就给予答案;暂时无法解释的，就和他一起去查阅资料，父母总是鼓励小光亲自动手去探索，遇到需要做的实验，也会想方设法地去做……总之，父母对于他的提问，都会做到"知无不言，言无不尽"。

因为小光喜欢，妈妈在全家外出旅游时总将参观科技馆和博物馆放在活动之内，人类悠久的历史和现代科技的高速发展，常常令小光赞叹不已;因为小光喜欢，在他不到 5 岁时，妈妈就为他买了电子积木。不久，他就能看着电路图，熟练地搭出各种电路，而且一边摆弄，一边自言自语地说道:"电阻"、"电容"、"电动机"……还会一直缠着大人问东问西;因为小光喜欢，在他上学之后，又走进了"化学世界"。他整日着迷于化学世界，一个实验往往要做上两三次，直到原材料全部用完……

正是因为有这些经历，才使得小光凡事都爱问个为什么，他时常思考的问题是:"这个科学道理是什么?"每当小光捧起《我们爱科学》《科学探索者》《原来如此》等科普书籍时，总会呈现出如痴如醉的表情，像是鱼儿坠入水中，自由自在地畅游。也许，年幼的小光还不能完全读懂书中的内容，也不可能事事都弄

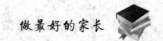

清楚，但是在妈妈看来，孩子这份旺盛的求知欲是难能可贵的，正因为有它的存在，孩子总有一天会读懂一切。

告诉家长的小哲理

　　求知欲是人体内在的动机和愿望，所以，这条由内心深处向外延伸的线路，一旦被阻塞，内心就不可能与外在的影响对接。到那时，无论家长如何打骂孩子，或是苦口婆心地劝导孩子，甚至拿出恨铁不成钢的态度，对孩子的成长也是无济于事的，因为孩子会将你的话当作耳边风。

好家长和孩子平起平坐

　　宇航妈妈总觉得宇航这孩子脾气太大，不好管。

　　这不，因为公司业务忙，爸爸妈妈要一起出差，家里没有人照顾他，妈妈决定把宇航送到爷爷家。临走的头天晚上，宇航放学回来见妈妈正收拾他的衣物和个人用品，就对妈妈大声嚷道："你干吗擅自进我房间来，还碰我的东西？"

　　妈妈一听这是宇航和自己不高兴了，就强压着火说："我是在把这些东西给你整理到旅行袋内，我们明天要把你送到爷爷家住几天，你自己也整理一下要带的学习用品吧！"

　　听了妈妈的话，宇航马上就反驳道："你有没有和我说原因？有没有问我同不同意？告诉你，我不去！"

　　妈妈一听火儿"噌"一下就上来了："你这孩子才多大，翅膀就硬了，也敢和大人顶嘴了？大人决定的事还要和你商量吗？告诉你不去不行，我和你爸都要出差，没有人照顾你！"

　　宇航一听妈妈这样说，摔门就进了书房，一边哭着一边和妈妈喊："我都13

岁了，你们一点都不尊重我，什么事都不和我商量，这个家根本就没有平等！"

妈妈听了更生气，小小年纪居然还要平等权。尽管宇航最后还是去了爷爷家，但为这事母子俩别扭了好长一段时间，宇航不愿和妈妈说话，妈妈也觉得宇航太可气了！

告诉家长的小哲理

孩子虽说年龄不大，但他也是有自尊心的，他希望家长能像朋友一样平等地与他交流，而不希望家长摆出一副长者的姿态高高在上，动辄就训人。虽然大多时候家长的出发点都是为了孩子好，但是在语言表达上却盛气凌人，不容有丝毫质疑。"去做作业"、"别废话，快点儿"，家长这种命令式的语气让孩子无法接受。有的家长明知自己不对，却要强词夺理，以势压人，"哪里有那么多理由要讲给你听？我说对就对"……专制的做法让孩子一见就烦，哪里还有和家长沟通的意愿？

做孩子的好朋友

晚上，米来因为儿子不愿意收拾玩具而和孩子闹僵了，儿子不愿意理她。晚上睡觉前，儿子在床上自言自语："有时我真生气，妈妈批评我，爸爸也批评我，爸爸妈妈的脾气都不怎么好，我也是……"

米来点了点头："你说得对，我同意。但为什么妈妈爸爸批评你呢？"儿子老实地回答："因为我做得不对，有时我会做错事的。"这时候米来乘胜追击地问："如果你做错了，爸爸妈妈不批评你，可以吗？"

儿子的回答大大地出乎米来的意料："可以，你们可以说我'这次做得不对，不过不批评你，你要好好改正，下次不要这样了'我就会改正的，我也不会

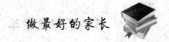

生气的。"

这时候米来的脸"刷"地一下子就红了，她回答："这样说话真好，我要好好学，谢谢你！但如果你老是错，我们大人也不可以批评你吗？"

儿子说："可以批评，但不可以骂人。"

"对，骂人不好。""我也同意你的说法，骂人太不好了，我和爸爸就从来不骂人的。我觉得你的想法和我的做法都很好，你做得对，妈妈跟你学；妈妈做错了，你也一样批评教育妈妈了。不是吗？"

儿子疑惑不解地问："你跟我学？"

米来笑了笑。立刻列举了儿子一大堆的优良行为："当然呀！你天天写日记，天天晚上刷牙，天天早早起来叫妈妈起床，天天帮妈妈做家务，这些都是好事，妈妈都跟你学了。假如你发现爸爸妈妈做得不对的地方，记得提醒我们，知道吗？"

儿子爽朗地答应："知道了！"

告诉家长的小哲理

要做孩子的朋友，就会对孩子严格要求，善于从日常生活中发现问题，随时给孩子引导和指引；把孩子作为平等的伙伴，与孩子一起学习、一起玩，尊重孩子的一切；还要给孩子确实到位的帮助，让孩子心里踏实，心理安全，健康长大。

时刻重视自己的孩子

艳秋是位小学老师，也是一位妈妈。她在教育孩子时，就很注意维护孩子的自尊心。

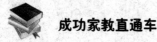

女儿婷婷5岁的时候，看邻居家的小女孩演奏古筝很有意思，自己也要学古筝。艳秋尊重孩子的意见，为她报了古筝学习班。孩子虽然年龄小，但是弹起琴来却很认真，也很具有这方面的天赋，古筝弹得有板有眼，每当看到孩子"挑"、"抹"着高山流水或寒鸦戏水时，艳秋的心里就美滋滋的。

这一天，艳秋的同事来她家里做客，她建议女儿为客人演奏一曲，女儿欣然接受了。可孩子毕竟是初学，所以在弹琴的姿势与指法上出了点小错误，艳秋一边欣赏，一边不断地给女儿指点和纠正。当一曲终了，妈妈再让女儿弹一曲时，女儿却说什么也不弹了。

客人走后，妈妈与女儿私下交流，问她不再谈第二首曲子的原因时，女儿对艳秋说："妈妈，我不想弹了，因为你每次都会挑我的毛病，还借题发挥，让我觉得很没有面子。"

一语惊醒梦中人，艳秋这才意识到是自己在人前对孩子的不断纠错和更正让孩子觉得伤害了自尊。她向女儿保证，以后一定会顾及女儿的"面子"。

后来，每当女儿在客人面前弹琴时，艳秋都会适时地表扬她几句，然后母女两人就会互视一笑。在与孩子的接触中，艳秋懂得了保护孩子自尊心的重要性，女儿婷婷也在妈妈的悉心关爱下，一天天进步。

告诉家长的小哲理

自尊心是好求上进孩子的一种基本素质，也是孩子自我发展的内在动力。孩子生来就有被关注、被爱、被认可的需求，如果孩子的感觉被忽略，不被重视，孩子的自尊心就会受到伤害。

做孩子的心灵辅导员

有一段时间，张英发现女儿小凌放学回家后的话题变了。她常常说，谁又买了新文具，谁又穿了新衣服，谁家里有车，谁的父母是当官的……

记得那年冬天的一个周末，难得张英和丈夫都有时间，天气又好，他们一家三口回了一趟农村老家。在准备回城的前一天，天气突变，飘起了雪花。为了安全起见，他们决定周一——早雪停后再走。女儿的表叔开着一辆小货车送他们回家，怕影响女儿上课，便开车直奔学校。当车刚行驶到学校路口时，不知怎地，女儿偏不让把车开到校门口。因天气很冷，女儿的表叔坚持要把车开到学校门口，但女儿执意要下车自己走。争执不下，张英想这里一定有什么原因，当着她表叔的面不好深入究其原因，便决定先随她去。

下午她放学回来，张英问她原因，起初她不说，经再三询问，她才说："别的同学坐的车都是小轿车，哪像我坐着拉货的车上学，让同学看见多丢人，她们谁都得拿我开玩笑！"听了这话，张英真的生气了，小小年纪的她怎么会有如此的虚荣心，这是从哪儿学来的！二叔为了她，影响半天的工作不说，还冻了半天。张英气呼呼地对她说："小小年纪，居然比起车来了，你怎么不比比学习？说到底还是嫌你父母没本事啊！"女儿听了这话，哭了。张英没理她，心想她也该好好想想了。可是，夜深人静，当张英躺在床上时，却失眠了。女儿长大了，她开始有自己的思想了。女儿固然有她不对的一面，可这不能全怪她，社会、周围环境，都对她有着潜移默化的影响。再者说，从某种意义上讲，她也是希望过幸福的生活，渴望父母事业有成。张英认为，自己对女儿的关心还是不够，今天的事，自己处理得也不冷静。

于是，这以后张英抽出时间，常和女儿谈心，告诉她生活是自己创造的，要想生活好，得靠自己努力。父母的一切只能是父母的，不属于你，拿父母的成绩来炫耀是不对的。那时女儿还小，似懂非懂，张英就给她讲松下幸之助的故事，带她看电影《居里夫人》，张英希望女儿能懂得自己的良苦用心。

同时，张英更加倍地投入工作，几年来，她从一个普普通通的个体劳动者，成为区里最年轻的个协理事，参与区里的建设。张英和女儿一起为希望工程捐款。在这点点滴滴的琐事中，女儿变得懂事了，她开始理解了妈妈的忙碌，理解了做人的一些道理。不再为一点小事掉眼泪，她开始热衷于集体活动，在集体活动中找到快乐而不再总缠着妈妈。她还学会了关心人，久而久之，她担任了班干部，并为组织好每一项活动而开动脑筋。看着她的忙碌，张英由衷地感到高兴。

告诉家长的小哲理

孩子的内心世界是丰富多彩的，充满了纯真、善良、浪漫。但是，除了学校、家庭、社会的正面影响外，社会的负面效应如攀比心理、虚荣心理、浮躁心态等也时刻冲击着孩子稚嫩的心灵。另外，独生子女的特有问题，如孤独、以自我为中心、独立性差、情感脆弱等等也常常困扰着他们，影响他们的成长。家长要多和自己的孩子沟通，帮助孩子树立创造美好生活的信心，自己创造的成绩才是值得炫耀的资本。

在孩子成长的过程中正确地引导孩子

小雪正在上初中，特别迷恋周笔畅，还在学校里组织"笔迷"团，支持心中的偶像。

回到家，小雪还鼓动爸爸妈妈为周笔畅投票。看着小雪如此疯狂，妈妈有些不解：这么狂热地喜欢明星，是不是有点儿过头了？虽然有很多疑惑，但妈妈并

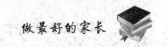

没有对小雪发难。

一天晚上，小雪在看超女比赛，电视里周笔畅正深情地演唱，小雪看得目不转睛。

妈妈悄悄地坐到小雪身边，说："我也来看看，我女儿这么喜欢的歌手一定有她的过人之处。"

小雪马上兴奋起来："笔笔的歌唱得一级棒，有一次她唱的歌把评委都感动得哭了。她的粉丝团叫'笔迷'，我也是超级'笔迷'……"

听着小雪滔滔不绝地说着，妈妈知道了周笔畅在小雪心中的位置。

于是，妈妈认真地听了周笔畅的歌，发现她的唱功很好，感情也很真挚，妈妈也对这个女孩萌发了好感。

周笔畅成了妈妈和小雪经常谈论的话题。她们了解到周笔畅不仅歌唱得好，而且还精通钢琴、架子鼓、小提琴，字写得也非常漂亮。更让人佩服的是，她高考时的成绩是 681 分，广东省第二名，大三就过了英语六级，是个全方位的才女。

渐渐地，小雪从最初迷恋周笔畅的歌声深入到钦佩周笔畅的多才多艺，而且妈妈发现小雪学习比以前认真了。妈妈还看见小雪常常练习书法，说既然自己那么喜欢"笔笔"，字不应该写得太差了。

妈妈和小雪成了无话不谈的好朋友，谈论的话题从周笔畅开始，逐渐延伸到她成长中的很多方面，她们谈到了理想、未来这些以前从未谈过的话题。

妈妈对小雪多了很多了解，小雪也对妈妈多了很多理解。

前段时间，超女来小雪家所在的城市举办演唱会，小雪说想去现场一睹"笔笔"的风采，妈妈马上答应了。

小雪说："妈妈，我们家并不富裕，不要买那么贵的门票，因为"笔笔"告诉'笔迷'，'即使大家买的是 50 块钱的票，我也看得到大家。"

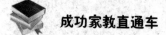

这一刻，妈妈觉得小雪真的长大了。

告诉家长的小哲理

小雪的妈妈是一位很了不起的妈妈，她尊重女儿、理解女儿，在和女儿共同了解偶像的过程中，她挖掘了偶像的榜样作用，让偶像的力量激励女孩成长进步。

作为家长，完全可以像这位妈妈一样正确引导孩子，让孩子在追星中健康成长。

学会倾听孩子的心声

彤彤是小学二年级的学生，过去妈妈一直把她看成是长不大的小不点，认为这个年龄段的孩子只要让她衣食无忧，打好学习基础就行了，所以从没有注意过孩子的心理和感受，直到母女间发生了那次小小的争执后，她才真正体会到自己在教子方面的不足。

那天，彤彤妈妈像往常一样骑着自行车接彤彤回家。彤彤坐在车后，又开始向妈妈广播学校的"每日新闻"。彤彤的情绪不好，她向妈妈述说在班里与同学闹别扭的事，劳累了一天的妈妈，心情有些烦躁，拖着疲惫的双腿用力地蹬着车子，毫无反应地听着。

渐渐地，彤彤的声音弱了下来。突然，她说："妈妈，我差点儿忘了，老师让买一个记号笔。"妈妈没好气地说："总是这样，早想什么了，啰啰嗦嗦说了一大堆，不说正事，文具店过去了才想起说。"妈妈正要调头返回文具店时，女儿竟然气鼓鼓地自己跳下车，恨恨地说："不买了，回家！"说完，头也不回地径直往家走。

面对女儿的执拗，妈妈在路上强压住火，一进家门，她就冲到女儿面前质问她为什么这么不听话。女儿眼泪汪汪地望着她说："妈妈，你知道吗？我们小孩儿也很可怜！"妈妈一下子愣住了，像遭到重重的一击。女儿的小脸通红，哽咽着说："你们大人心烦的时候，可以对我们小孩儿发火。我们小孩儿心烦的时候，好好地对你们说，你们都不愿理睬，你知不知道，我们小孩有时也很难受……"孩子的话深深地震撼了妈妈的心，妈妈意识到，是自己的粗暴态度伤害了孩子幼小的心灵。

这件事后，妈妈开始改变了，不论自己有多忙、多累，她都会有意识地给自己的心灵留出一块空间，让它去盛纳孩子的喜怒哀乐。她知道不仅应该在学习和生活上关心孩子，更应该悉心去体味孩子那一颗渴望得到理解的心。

告诉家长的小哲理

聆听孩子的心声是建立良好亲子关系的基础，是家长对孩子表示关怀的一种最简单、最有效的交流方式，更是家长了解孩子内心世界最有效的途径。

但是，能够真正弯下腰来倾听孩子心声的家长并不多，许多家长虽与孩子朝夕相处，却对孩子并不了解。

学会凡事与孩子商量

记得儿子二岁那年，王丽为了养家糊口，能够全身心地投入工作，于是她把儿子送到乡下奶奶家。在那以后的日子里，他们母子俩只有一个月才见面一次。每当他们见面时，儿子就说："妈妈，我们说说话吧。"有一次他哭着向王丽说："妈，我知道你忙。没时间陪我，可你能不能把我送去上幼儿园呀？这样我们就可以天天见面了。"王丽鼻子一酸。第一次学着与儿子商量："儿子，妈何尝不希望天天与你见面，听你讲幼儿园的事呢？可是，你爸老是出差，妈妈还要上夜班，何况妈妈的工作又是挺严格的，来不得一点粗心大意。那样做，你晚上一人在家，爸妈都不放心的，因为你还小。"儿子听懂了，点点头说："那我就在奶奶家待着吧，你们就不用担心了。"

　　然而，真正感觉到"商量"的魅力是在儿子上中学以后。有一次，儿子同学过生日，他提出去那同学家住一晚，王丽没同意，理由是，老师说了，不让到同学家过夜。当时，他们谁也没有说服谁，儿子也没有再坚持。过了一会，儿子忽然问王丽："妈，当你做了一桌很丰盛的菜，可客人临时说有事来不了，你会是什么心情？""那我当然会伤心的。"王丽坦白地说。"这就对了。"儿子一拍大腿说："你想想，人家的妈妈听说我们要去，把晚饭都准备好了，屋子也收拾了，可我们又不去，人家不是白准备了吗？也一定会伤心的，你说是不是这个理？""道理是这样，可学校开家长会说了，有几个学生去别人家过夜，家长们有意见，所以不同意这样。"王丽再一次提出反对的理由。"那几个同学是事先没和家里商量好，让家长着急了，家长当然反对了，我这不是和你商量吗？"儿子耐心地解释说。

告诉家长的小哲理

　　孩子虽然还不是大人，但是也同样需要一些自主权，尤其是在他们息息相关的事情上，更是如此。作为妈妈应该学会凡事与孩子商量，把自己的意见耐心地传递给孩子，让他思考判断，然后再去行动；耐心地听取孩子的想法，最终找到家长和孩子认为最合适的方案。

尊重自己的孩子

列宁出生在一个知识分子家庭，父亲伊里亚·尼古拉也维奇·乌里扬诺夫靠半工半读求学，后来当了省国民教育总监。伊里亚本人并不是新社会的改革者，但留给孩子们的却是他的优秀品质。

伊里亚是一个十分公正的人。他在任教育总监期间，经常深入下去搞些调查研究。一次，伊里亚到一个学校去视察，学生们正在上作文课。他看到有个学生的作文簿上，上次写的作文被老师打上了大红叉，批了个零分。他拿起作文一看，原来题目是《今天的印象》。这位学生写了上次伊里亚来视察数学课的情形。他写道："我发现他的'Р'音稍微有点不清楚……我就想，我是个小学生，尚且能正确地发'Р'音，而他是个总监，是个有学问的大人物，倒不会发'Р'音。"

伊里亚找到教员，问这是怎么回事。教员说作文里有对总监不够尊敬的地方。伊里亚说："这是一篇很好的作文，语法正确，语义连贯，没有丝毫虚构捏造，写得真实，也完全符合老师出的题目。"然后，他就给这个学生改批了"优"，并且签上了自己的名字。

伊里亚把毕生的精力都贡献给了发展国民教育的事业。他经常不在家里，一走就是几个星期。但他每次回到家里，都给孩子们讲自己在外边遇到的各种新闻，如什么地方办起了新学校，同巡官、地主进行了什么样的斗争，怎样发展教育，怎样克服居民的愚昧和偏见等等。家里添置个什么东西，怎样选择职业，他都听取孩子们的意见。平时他让孩子们自由地、随便地参加大人的谈话，允许提出不同意见。提得不对，他就认真向孩子解释；有时大人的意见有片面性，孩子的意见正确，他就当场表扬孩子，承认自己的错误。正是这样一种民主的空气，伊利亚培养了孩子们追求真理的精神。

家里提倡民主作风,并不意味着放弃严格的纪律要求孩子。

在伊里亚家中,作息都有大体规定。比如,当大人做事的时候,小孩子即使提前做完了作业,也不准吵闹,以免影响别人。如果有哪个孩子不听话,闹得过火,就会被领到书房里,让他坐在一把漆布做的椅子上作为处罚,等妈妈允许后,才让下来,再去玩耍。

列宁从小就是在这种环境里受到了良好的教育和熏陶。

伊里亚的孩子都成了革命者。列宁的哥哥亚历山大因积极参加"民意党"被处死刑,死时只有 21 岁;姐姐安娜是社会民主党第一届莫斯科委员会委员;妹妹奥里伽和列宁一样,爱读马克思的书;弟弟德米特里是个职业医生,因从事革命活动曾两次被捕;小妹妹玛丽亚,从 1899 年起就成为一个职业革命家。

告诉家长的小哲理

家长应该明白,每一个人都希望别人尊敬自己,孩子也必然有这样的要求,家长只有尊重子女,所说的话孩子才会听,教育才可能奏效。有时家长没把事情搞清,就训斥孩子,并以势压人,不让孩子说话。其实,许多情况下,孩子往往没有错。家长在向孩子表达自己的意见和看法时,应当在心平气和、相互理解气氛中,以交谈的方式来进行。只有两代人感情上有效地沟通,才能达到教育的目的,才能实现把孩子培养成为有用之才的愿望。

第三章　做好家长，要经常鼓励孩子

父亲的教育方法是鼓励，而不是逼迫和苛求；是随我们的个性发展，而绝不是强迫把我们铸成固定的模式。

——罗兰

不要在语言上否定孩子

马月是个聪明的女孩子，在她咿呀学语时，父母就开始对她进行学前教育，教她识字、算术，在她四五岁时就让她学琴。虽然她的乐感很好，但她的手形却不符合老师的要求，严厉的老师经常会一边呵斥她，一边用铅笔打她的小手。渐渐地，马月一见到老师就紧张，心中充满恐惧，越紧张就越弹不好。没学多长时间，她就被无情地淘汰了。

当马月到上学的年龄时，父母找关系将她送进一所重点小学。上学不到一个月，父母发现她的眼睛有问题，于是就带她去医治，结果被诊断为弱视。在治疗

成功家教直通车

的一个多月中，她的瞳孔被放大，所以看不清黑板上的字，结果期中考试有两门功课不及格，因而马月就成为班级内的差生，同学歧视她，欺负她，还喊她是"傻子"。一天下午，全班同学都要挨个去校长室考朗读，马月为了取得好成绩，就将那篇文章读得很熟练。等轮到她时，站在一旁的老师在校长耳边说道："这孩子有点傻，可能是脑子有问题。"听到老师这么说自己，马月一下呆住了，她望着眼前的课本，脑子一片空白。

在一次体育课上，老师让大家做游戏。班长在点完名之后，汇报道："老师，多出一个人。"然后，老师指着马月说："你出去，自己去玩吧！"马月只好低着头含着眼泪走出了队伍，背后传来阵阵讥笑声："真是的，傻呆呆的还要做游戏，谁愿意和她玩呀！"

学校要举行歌咏比赛，马月想这是全班合唱，不会没有自己的。可是到了排练那天，老师却让她提前放学回家了。面对这样的安排，马月先是一愣，而后问道："老师，为什么不让我参加排练？"

老师皱着眉头说："这次合唱没有你的份。"她又鼓起勇气问："老师，为什么没有我，我唱歌曾经得过满分！"老师不耐烦地说："这是班上的安排！"此时，站在一旁的同学说："看你傻里傻气的，上台之后一定会给我们班丢分的。"

从此之后，马月更加自闭了，她恨那些用看傻子的眼光看自己的老师和同学，她甚至开始讨厌学校了。在6年的小学生活中，她转了3个学校，可是她已经对学习失去了兴趣，对学校失去了美好的憧憬，她的学习成绩变得越来越差。

马月在学校的表现，致使父母一次次被老师和校长叫到学校。父母回来之后，马月总少不了一顿痛打。于是，马月对学校充满了恐惧和厌恶之感。她开始装肚子痛，不愿意去上学，后来又装双手颤抖，可是"好"了之后她还得去上学。为了逃避上学，她只有装疯。在11岁的那一天，马月突然"疯了"，不认识父母，不会弹钢琴……于是，她被送入精神病院。进入精神病院之后，她才知道

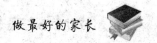

这里比学校更可怕，她开始自我证明、百般恳求，几经周折之后才从里面出来。

从精神病院出来之后，妈妈决定给她补上落下 3 个月的功课，可是只补习了半个月，学校就要期末考试了。为了证实自己不是傻子，不是疯子，马月主动要求回去参加考试。考试结果出人意料，几乎一个学期没上学的她，语文居然考了80 多分，数学考了 70 多分。

妈妈想：也许女儿真的不傻！于是，她带马月去做智商测试，结果几家医院的测试结果都证实：马月是个智力超常的孩子，她的智商指数在 130 以上。

虽然此时父母不再怀疑她的智商，但因马月曾经装疯逃避上学，所以在进入中学后，老师和同学不但认为她是一个傻子，还认为她是一个疯子。于是，无论马月走到哪里都会有人指指点点地说："她是疯子，进过精神病院。"

马月真的绝望了，她害怕看见老师、同学，还惧怕考试，只要考试就会生病。马月知道，自己已经走入人生的死胡同，不去死就会真疯。一天深夜，她想到了死，就用刀片划破了手腕，幸好被及时抢救过来。可是第二天，她又将伤口划破了，此时她下定了决心要死。

告诉家长的小哲理

望子成龙、追求高分、追求完美是现今家长对孩子的普遍要求，家长总想让孩子出类拔萃，但结果往往事与愿违。再加上部分"笨老师"的参与"助战"，使得原本聪明可爱的孩子变成了"笨孩子"，这难道不值得我们去认真反思、严肃对待吗？

"陪伴"孩子勇敢地推销自己

美国有一位女孩拥有美妙的歌喉，从小就习惯唱歌，她想要成为一位歌唱家。令人遗憾的是，她长得并不好看，因为她的嘴很大，牙齿很暴露。

在美国新泽西州的一家夜总会里，她第一次公开演唱的时候，她一直想把上嘴唇拉下来盖住她的牙齿。她想要表演得"很美"，结果呢？她使自己大出洋相，经常被人嘘下场。

她感到灰心丧气，一直闷闷不乐。她的母亲，却认为她很有天分，就安慰她："我一直在看你的表演，我知道你想掩藏的是什么，你觉得你的牙长得很难看？"

这个女孩点了点头。

母亲继续说道："难道说长了龅牙就罪大恶极吗？不要去遮掩，张开你的嘴，观众是欣赏你的歌声。好孩子，你只要大胆地表现自己就行了，展示你那美妙的歌喉，其他的什么都不要在意！再说了，那些你想遮起来的牙齿，说不定还会带给你好运呢！"

女孩接受了母亲的忠告，就没有再去注意牙齿，只是专心提高唱功。从那时候开始，每当表演的时候，她只想到她的观众，她张大了嘴巴，热情而高兴地唱着。很快，她就以天籁般的嗓音成为电影界和广播界的一流红星，还以龅牙的特点闻名全球。

她的名字叫凯丝·达莉。

告诉家长的小哲理

生活是一连串的推销。我们推销产品，推销一项计划，也推销自己。一个优秀的人，就要敢于表现自己，展示自己的风采！如果凯丝·达莉一直都是扭扭捏捏，在意自己的牙齿的话，也许一辈子都只能默默无闻。幸好，凯丝·达莉的母亲是一位聪明的智者，在她最无助的时候给了她忠告，才让她除去思想的牵制，大方地表现自己美妙的嗓音。

由于几千年的中庸教育，我们民族的性格比较含蓄内敛。然而，在竞争激烈的当代社会，要求人们面对机会能勇敢、大声地说"我行"。因此，培养孩子自我表现的勇气和习惯，成了家庭教育的一个重要内容。

对孩子的表扬要及时

"爸爸，今天跑步我得了第一名。"扬扬高兴地对爸爸说。

"和谁跑步啊？为什么跑步啊？"爸爸淡淡地问了一句。

"今天上体育课，老师让我们比赛跑步。我是跑得最快的，老师夸我很有运动天赋呢。"扬扬的脸上带着得意的笑容。

"哦，知道了。今天有作业吗？快去做作业吧！"爸爸好像没有听到扬扬说的话。

听到爸爸这么说，扬扬非常失望，闷闷不乐地躲进了自己的房间。他不明白为什么自己跑了第一名，爸爸却一点都不高兴，更没有夸奖他。

正当扬扬不理解爸爸的行为时，妈妈回来了。妈妈发现扬扬很不高兴，就问他："怎么了孩子，有什么不开心的事情吗？"

"妈妈，我今天跑步得了第一名，老师都夸奖我了，可是爸爸却一点都不高兴。"扬扬很委屈地对妈妈说。

"是吗？第一名啊，真厉害！和妈妈说说，都是和谁跑的？"妈妈很高兴地问。

"体育老师让我们分两组，男生一组，女生一组。男生里我跑得最快，他们都不如我，被我落下好大一截呢！"

"真是好样的，等会儿吃饭的时候一定要多吃点，这样才能让身体更强壮，以后还要跑第一名，好吗？"

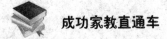

"嗯，我以后还要跑第一名。"扬扬高兴地跑到饭桌旁边，等待吃饭了。

告诉家长的小哲理

每个人都希望获得别人的认同，孩子更是如此，尤其是来自家长的肯定。孩子通过自己的努力，在学习或者比赛中取得好成绩，这是多么值得家长赏识的事情！这时候，家长应该为孩子感到高兴，及时给予热情的赏识和赞扬。因为，及时赏识和赞扬孩子，比事后再给予赞扬所起到的作用要大得多。因为，适时对孩子的成绩给予积极评价，告诉孩子你因他的成绩而自豪，这将是对孩子极大的鼓舞，可以促使孩子乘势而上，取得更优异的成绩。因此，当孩子达到某个既定目标时，家长一定要把握机会，及时由衷地赞扬孩子；同时表现出你的喜悦心情，让孩子感受到是他的良好行为表现使家长感到高兴。这是简单而又能产生显著效果的一招。家长只要坚持去做，必有喜人的收获。

鼓励能激发孩子无限的潜能

有这么一个孩子：他出生时难产，曾被母亲认为是不祥之兆。2 岁时的他仍不招人喜欢，因为他的体形上大下小，巨大的脑袋压得他连路都走不好，许多人都怀疑这孩子会长成畸形。由于 3 岁多了还不会说话，父母很担心他是哑巴，曾带他到医院进行过检查。后来他总算开口了，但说得极不流利，而且所讲的每一句话都必须经过吃力的认真思考后才说得出来。

但是，担任电机工程师的父亲，却没有对儿子失去信心，他想方设法地让他发展智力。他为儿子买来积木，教他搭房子。他每搭一层，父亲便表扬和鼓励一次。在这种激励下，他一直搭到了 14 层。

上学后，他仍然显得很平庸，学校的老师曾向他父亲断言说："你的儿子将一事无成。"大家的讽刺和讥笑，让他十分灰心丧气，他甚至不愿去学校，害怕见到老师和同学。但是父亲却鼓励他："我觉得你并不笨，别人会做的，你虽然做得一般，却并不比他们差多少，但是你会做的事情，他们却一点都不会做。你表现的没有他们好，是因为你的思维和他们不一样，我相信你一定会在某一方面比任何人都做得好。"父亲的鼓励，使他振作起来。

父亲领他到郊外散心，父亲问："你知道那两棵树叫什么名字吗？"他木木地说："不知道。""高的叫沙巴，矮的叫冷杉，孩子，你觉得哪种树珍贵？""应该是沙巴树吧，你看它那么高大。"

"错！长得快，木质必疏松；长得慢，木质坚硬才好卖钱哩！贪长的树不成材，别看沙巴树初期长得疯，但3年之后就越长越慢了，所谓强弩之末，我还未曾见过个头超出10米的沙巴树呢。冷杉则不同，别看它长得慢，但它始终如一地坚持生长，而且它寿命极长，活上万年都不成问题。"说着，父亲把他领到一颗大树面前。这棵直插云霄的千年冷杉至今仍生机勃勃，枝繁叶茂。他仰头对父亲说："爸爸，你是想叫我做一棵树，一棵虽然长势缓慢但永远坚持向上的冷杉树，对不对？"父亲满意地点了点头。

从此以后他不再想逃学了。有一次上手工课，他费了好大的劲儿才做出一只小板凳，受到老师和同学们的讥讽，但他仍然兴致勃勃地拿回家给父亲看。父亲同他一样高兴。因为通过这只制作粗糙的小板凳，父亲看到了儿子有了坚持就是胜利的韧性。

这个小男孩是谁？想必大家已经猜到，他就是后来名震中外的科学巨匠爱因斯坦。

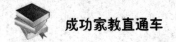

告诉家长的小哲理

常有些家长因为自己的孩子不够聪明而对孩子感到失望，甚至把这种情绪"传染"给孩子，使孩子对自己也变得没有信心。殊不知，这种做法只会让孩子的情绪更加消极，久而久之，就会思维僵化、反应迟钝。实际上，人类实在无所谓天才。一个天才儿童的智商与平常儿童的智商在多数情况下相差无几。爱迪生曾说天才是努力加上尝试。做家长的应当找出即使是"平庸"孩子的长处，对于孩子的兴趣应当鼓励。他爱听音乐，说不定就是莫扎特；他爱画画，说不定就是梵高；他爱小动物，说不定就是达尔文；他爱搞些小发明，说不定就是爱迪生。我们要培养自己的孩子，努力发挥他的才能。更重要的是，为人家长者，在任何时候，都不要失去对孩子的希望和信心，尤其是在他们最困难的时候。

适时正确地评价孩子

帅帅小时候是一个非常内向的小男孩。一次偶然的机会，帅帅的父母听说给孩子更多的鼓励和夸奖能让孩子更自信，能让孩子更活泼、更可爱。于是，从那以后，帅帅的父母就时不时地夸奖帅帅。

帅帅摔倒了自己爬起来了，帅帅就会得到表扬："帅帅真棒！"

帅帅会自己穿衣服了，帅帅就会得到表扬："帅帅真能干！"

帅帅会自己洗手帕了，帅帅就会得到表扬："帅帅长大了，真能干！"

帅帅考了 100 分，帅帅就会得到表扬："帅帅真是聪明啊！"

帅帅几乎做任何事情都会得到表扬。即使只是帮妈妈拿了个杯子，也会得到表扬。帅帅每天会得到几十次的表扬，甚至当帅帅干了坏事的时候，帅帅的妈妈为了保护帅帅，也会违心地表扬帅帅。

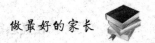

当然，这样的表扬也是有效的。本来性格内向的帅帅在父母的表扬下逐渐变得开朗起来。

可是帅帅上学之后发生的一件事情，让帅帅的父母开始怀疑自己以前的教育方式是否正确。

那是帅帅上小学一年级时，一天，帅帅在上课的时候睡着了，受到了老师的批评。

第二天，帅帅就不愿意上学了。至于不想上学的理由，帅帅说："因为在学校受批评了，老师不喜欢我。我不想受批评。你平时不是告诉我困了就要睡觉吗？我困了就睡觉了，可老师为什么不表扬我，反而批评我呢？"

告诉家长的小哲理

作为家长，适时地对孩子所取得的成绩或良好表现给予积极而正确的评价，告诉孩子你为他的成绩感到自豪，这对孩子来说是极大的鼓舞，会促使孩子乘势而上，取得更优异的成绩。对于孩子来说，得到家长的认同和赞美也是一件非常值得骄傲的事情。但是上述小案例中帅帅妈妈的表现无疑与有些"吝啬"赞美自己孩子的家长是相反的，她的问题在于赞美的声音"过高"了。

在"陪伴"中赏识你的孩子

张敏在2岁时曾患过脑膜炎，并留下轻微的后遗症：反应慢、记忆力差。在她读小学时，这种劣势就明显地反映出来，她比同龄孩子要差一截，喜欢搞恶作剧的孩子总是在背后叫她"笨孩子"，为此，张敏常常气得哭鼻子。在她9岁读三年级时，还是全年级的"尾巴"。尽管父母为她请了家教，每天为她补课，但睡一晚之后，第二天一早她就忘了。每天晚上做作业时，父母都轮番陪在她身边。有一次，张敏正在做语文作业时，有一道题要求模仿造句——"青蛙的眼睛鼓鼓的，肚皮白白的"，张敏却在作业本上写道："妈妈的眼睛鼓鼓的，肚皮白白的。"

当妈妈看到这句话时，气不打一处来，就劈头盖脸地吼道："你真是笨到家了！"从那以后，张敏在做作业时一看到妈妈坐过来，就心惊胆战地左顾右盼，要不然就埋头写"我笨、我笨、我笨……"

看着女儿这副样子，妈妈又气又难过。在一个星期天，父母带着张敏到医院看医生。医生在详细了解完张敏的情况后，决定和她进行一场耐心的交谈。在交谈的过程中，医生不断地夸奖张敏聪明、懂事。事后，医生对张敏的父母说："你们不用担心，她很正常，用不着看医生。"最后还建议张敏的爸爸带张敏去游乐园玩。

私下里，医生问妈妈："您女儿考试最高拿多少分？"

"有一次，考了80多分吧。"

医生又问："那您表扬她了吗？"

妈妈先是一愣，随即说道："80多分在班级里是很正常的分数，我们就没有表扬她。"

医生说："虽然这个成绩在全班来讲非常普遍，但是对她个人而言，意义就非同一般了，你们不能总盯着孩子的不足，应该为她的进步喝彩，哪怕只是微不足道的进步。"

回家之后，父母听从了医生的建议，不再用抱怨、责备的声音和监督的目光对待张敏。每次张敏将作业本交给父母检查时，他们都认真地夸奖女儿"字写得有进步"，"今天比昨天多得到五分，大有进步"，"你真棒，又得了一个小红花"……渐渐地，张敏的笑容多了起来，说话的声音也响亮了许多。

一段时间过后，家教老师高兴地对张敏的父母说："张敏的记忆力有所增强，听写 50 个单词，只错了 3 个，大有进步！"在期末考试前，张敏第一次向父母保证："我一定能考进前 15 名。"尽管这只是一句"保证"，但是，父母都为女儿的自信感到高兴，这可是女儿破天荒的第一次呀！

等成绩公布时，张敏每科成绩都在 90 分以上，排在全班第 8 名，班主任还在家长会上特殊表扬了张敏。

从把"青蛙的眼睛鼓鼓的"改写成"妈妈的眼睛鼓鼓的……"到最终每科成绩都在 90 分以上，张敏的父母终于走出了家教的误区，将女儿送上健康、自信、乐观的成功之路。

一次成功的体验，或许会改变孩子的一生，这就需要家长付出特别的爱——不要吝啬你的赞赏和赏识。莎士比亚说："赞美是照在人心灵上的阳光。"的确，每个人都希望得到他人的称赞，特别是那些成绩不尽如人意的孩子，正如"得到特别呵护的苗长得好"的道理一样，经常得到父母表扬的孩子，能感受到父母真诚而独特的爱，从而产生一种情感的动力，促使孩子学习成绩进步。

告诉家长的小哲理

每个孩子都是一道独特的风景线，都有自己的长处和优点，家长需要做的就是相信孩子有一颗渴求上进的心，他需要被重视、被关怀、被赏识，尤其对那些后进生而言，家长需要做的就是唤醒他的自尊心和自信心。家长要不断挖掘孩子身上的优点，关注他点滴的进步。赏识孩子，会让他品尝到成功的快乐，让他感觉到学习不再是一种负担，而是一件愉快的事情。

用赞扬代替批评

敏敏很喜欢看动画片，平时还好，一到周末就大看特看，即使爸爸事先和她约定就看 1 个小时，她也能以"还差一点就演完了"为由再拖上半个小时。

一个周末，有位同事带着孩子来到家里，爸爸陪着同事，敏敏则陪着同事的孩子在她的房间里看电视。过了一会儿，敏敏就跑进客厅问爸爸她们能不能看一会儿动画片。同事持反对意见，爸爸却同意了孩子的请求，于是同事问孩子的爸爸："你怎么能让孩子看动画片呢？她们一看上动画片就不想学习了，我们家孩子常常看得连学习都顾不上了，最后我只好把动画片光盘锁起来，结果她千方百计地去别处偷偷看。"同事的孩子听完爸爸对自己的评价，只是笑了一下，什么也不说。敏敏则紧张地看着爸爸，生怕爸爸把自己的"历史"也说出来。

爸爸理解地对同事笑笑说："让她们看一会儿吧。我家敏敏能管住自己，说看 1 个小时就看 1 个小时，所以平时我允许她把看动画片当成一种放松。其实你家孩子也可以做到这一点的，对吧？"同事的孩子也赶忙答应了。爸爸对敏敏叮嘱道："敏敏，记住就看 1 个小时。"

"知道了！"敏敏痛快地回答，并带着同事的孩子回到自己的屋里去了。

1 个小时后，同事要走了，爸爸敲响敏敏房间的门，提醒她时间到了，敏敏虽然不情愿，但还是马上关掉了电视。送走客人后，爸爸表扬敏敏说："你今天真讲信用，要再接再厉！"

敏敏不好意思地对爸爸说："以后我一定注意看电视的时间。"

自从爸爸那次"表扬"过敏敏之后，她每次看动画片都会用闹钟给自己定好时间，不用爸爸提醒，只要闹钟一响，她就会及时关上电视。

告诉家长的小哲理

在孩子成长的过程中，由于年龄、能力的局限，当他努力学做一些事情时，虽然他的动机是良好的，却往往把事情做坏了。对此，家长的一次表扬可以让孩子从中找到自信，而家长的一次批评却如同当头棒让孩子产生叛逆心理，这时就

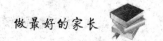

需要学会用赞扬来代替批评。

事实证明，从侧面对孩子进行引导，含蓄、委婉地批评他，可以消除他的逆反心理，所以懂得给批评穿上表扬外衣的家长才是成功的教育家。

让孩子相信"我最聪明"

这是一幅真实的家教图：爸爸在给女儿辅导功课，一共出了 10 道题，女儿歪着头想了很长时间，结果只做对了 1 道题。与一般家长不同的是，爸爸拿起卷子，用充满激情的眼神望着女儿说："孩子，这简直太不可思议了，这么难的数学题，你第一次做居然能做对 1 道，太棒了，女儿！爸爸像你这么大的时候，对这样的题连碰都不敢碰！"

顿时，女儿的眼前一亮，对数学题的研究兴趣一下子就被激发出来了……

这是生活中一个真实的故事，小女孩名叫周婷婷，在她 1 岁打针时，因为药物反应过敏，致使双耳全聋。女孩的父亲叫周弘，是南京市的一位普通工人。为了培养又聋又哑的女儿，周弘用毕生的精力去学习、探索赏识教育，并且身体力行用赏识教育的理念教育自己的女儿。

周弘为了激发婷婷的自信心，不仅让她感到自己是个好孩子，而且还帮她找到天才儿童的感觉。为了激发婷婷的满足感，爸爸在书桌玻璃下压着美国天才儿童的行为表，目的在于让她感觉到自己每一条都能做得很好。

有一次，婷婷看书忘记了吃饭。于是，爸爸就赶紧拉着她过来，并对她说："婷婷，你看，天才儿童行为表的第一条就是废寝忘食，这是最重要的一点，你居然做得这么好，你怎么不是天才呢？"

美国盲聋女作家海伦，在她 6 岁时，教育还是一片空白，但是当她 18 岁时，就已经会 5 国语言，并且成为享誉世界的杰出人物。有一天，周弘无意间发现海伦的生日是 1880 年 6 月 27 日，而婷婷的生日是 1980 年 6 月 29 日，于是，爸爸对婷婷说："孩子，你真了不起，爸爸刚刚发现了一个天大的奥秘，你是海伦百年转世，你们只相差 2 天，而海伦是顺产，你是难产。和海伦相比，你比她富有多了，因为你有一双明亮的眼睛。"从那时起，婷婷就感觉自己是个天才，是世界上最幸福的孩子，将来一定能够干大事业。

在教育婷婷上，周弘抓住一切机会，想尽一切办法，利用所有时机，帮助一个残疾的儿童找回了失落的自信，找到了天才儿童的感觉，让她充满自信地面对未来的人生。

这种教育方式激发了周婷婷潜在的能力，使得又聋又哑的她仅用了 3 年时间就学完了小学六年级的数学课程，成为中国第一位聋人少年大学生、全国十佳少年、全国残疾人自强模范、留美硕士生、博士生。

美国一位著名的教育家说："没有激励，就没有教育。"在教育孩子的过程中，赏识孩子、鼓励孩子是最重要的方法。家长应该不断地学会赏识、鼓励孩子，不断激活孩子的潜能，增强孩子的自信心，激发孩子的上进心，让孩子在家长充满赏识的眼神和赞许的言语中茁壮成长。

告诉家长的小哲理

首先要相信孩子是个天才。每当家长看到自己的孩子成绩平平，或是没有其他孩子学习好时，内心就会产生不平衡感，进而就会指责孩子、埋怨孩子，甚至对孩子失去信心，殊不知，这对孩子的健康是十分有害的。

用激励的眼光看待孩子

周思就读于某小学二年级，虽然她的成绩不是很好，但她却非常懂事，有上进心，平时对自己的要求也很严格，因为她知道：父母对自己的期望是非常高的。年幼的她，每次放学回家都会先写作业，然后再找小朋友做游戏或是看电视。

周思的父母对她的成绩非常关心、在意，经常会为周思报一些课外辅导班，并且要求周思的成绩排在班级的前 5 名。周思姑姑家有个叫肖丽的妹妹，比周思小 1 岁，因为上学早，所以跟周思是同班同学。肖丽虽然学习不太用功，但是脑子好用，学习成绩一向优秀，所以，周思的父母经常拿肖丽说事。

一次考试，肖丽比周思高 2 分，周思的妈妈就对女儿大发雷霆："你怎么这么笨呢，真是不争气，我读书时样样都优秀，你看看你，也不知道平时是怎么学的，你看人家肖丽考得多好啊！我看你就是学习不上进，看你将来怎么办？你简直太令我失望了！"周思听完妈妈的话，觉得很委屈，可是又无言以对，因为肖丽确实比自己多考了 2 分。

由于父母经常责骂周思，周思的胆子变得越来越小了，在学校上课时也不敢举手回答问题，总怕一旦回答错了就受到老师的批评。她的数学老师，恰恰又爱批评学生，而且对学生的成绩要求非常高，考试分数不许低于 90 分，否则一定会受到批评，而周思就是经常挨批评的对象。

有一次，老师让周思回答问题，但是周思的声音非常小，致使老师无法听见，于是，老师就严厉地呵斥了她一顿。第二节课，周思又被老师叫上讲台做题，此时，周思还没从先前的批评中脱离出来，再加上突然被老师叫到黑板前做题，所以就呆呆地站在原地没动。这时，老师更加生气了，她大声呵斥道："你傻呆呆地站着干什么，是向我示威吗？真是个笨孩子！"

就这样，周思的胆子变得更小了，同学们称她为"无脑儿"，并且排斥她。再后来，周思完全成了一个没有自信、胆怯、害羞、不爱交往的"笨孩子"了。

一次体育课上，一群学生在一起做游戏，只见周思一个人站在一旁观看。于是，体育老师就问周思为何不与同学一起做游戏，周思腼腆地回答道："他们不和我玩，都说我笨。"体育老师说："谁说你笨了，你和他们都是一样的，说不定你比他们还聪明呢？再说你比他们都懂礼貌！"听到体育老师的夸奖，周思眼中闪现出久未出现的光芒，但随即又消失了。"我妈妈经常说我笨，而且老师也这么说我！"听了周思的回答，体育老师有点难过，他想有必要与周思的妈妈和班主任交流交流。

告诉家长的小哲理

就算孩子成绩差，家长也不能给孩子贴上"笨"的标签，否则会让他小小的年纪就受到不该承受的痛苦。其实，除了一些先天的愚儿外，每个孩子都有自身的长处，所以，家长和老师都要善于发现孩子的潜能和优点，而不要在孩子的弱点上做文章。要多用欣赏、激励的眼光看待孩子，可爱的孩子就会变得更自信、更阳光，就会离"笨孩子"越来越远。

给孩子一个肯定的眼神

英国著名教育家斯宾塞说过："对孩子的一次喝彩，胜过百次训斥！喝彩和鼓励，可以让自卑的孩子走出下陷的泥沼。"

有时候，一个眼神胜过一顿批评，一个动作就能改变人的一生。这就是鼓励比责罚更有效的原因。要知道：破坏性批评是腐蚀自尊心的毒药。

他是某市理科的高考状元，在他读初中时有一段特殊的心路历程：那年他读初三，是个成绩一般的学生。寒假的一天，妈妈领着他去方阿姨家拜年（方阿姨是妈妈大学的同学）。

方阿姨的儿子宋青正在读高一，闲聊之中，妈妈问宋青："你在哪儿上学

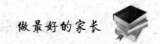

呀?"宋青说:"我在××师大附中上学。"妈妈继续问道:"那你成绩如何?"宋青轻松地回答道:"阿姨,我成绩一般,这次期末考试在班级排第二名。"

这时,妈妈转过头深情地看了儿子一眼,但什么话都没说。中午4个人一起吃饭时,虽然妈妈脸上浮现出一丝不易察觉的苦涩和尴尬,但整个席间,妈妈只字未提有关学习的事情。因为妈妈知道,如果在饭桌上提及学习一事,就等于在孩子的伤口上撒盐。作为家长,一定要保护好孩子的自尊心。

在回家的路上,男孩心里很不舒服,他在想:我也是一个堂堂的男子汉,为何就不能争一口气呢?当妈妈听到宋青哥哥那么优秀时,整个吃饭时间没提过一句学习的事情,是怕我受到伤害,而且妈妈在听到他考第二名时,只是深情地望了我一眼。就算为妈妈看我这一眼,我也要为她争这口气。从此之后,他像变了一个人似的,先调节自己的心态,进入一种发奋学习的状态。在拼搏半年之后,他考入××师大附中。他还坚信,未来××师大附中的第一名就是他。他之所以这么有信心,就是因为他通过半年的努力,超越了无数个困难,从1名成绩普通的学生,到考上著名的××师大附中。他对自己说:"以后看我的,我还有3年时间,一定能成为××师大附中的第1名,我有足够的信心和勇气。"

凭借顽强的自信心,在高中3年的学习中,他脚踏实地,扎实前进,虽然成绩经常会出现浮动,但是他靠自己的信心一次又一次战胜了困难,最后在高考中以理科状元的身份考上了清华大学。

告诉家长的小哲理

妈妈的一个眼神改变了孩子的一生。其实,教育孩子有时非常简单,改变孩子的机会也有许多,但是,许多家长就是抓不住这样的机会。当孩子犯错误时,不是开口责骂,就是动手教训,而不会深情地看孩子一眼。殊不知,就算是打孩子一顿,或是斥责他一番,也不能引起他的重视,所以这种教育方式往往不能唤起孩子的学习意识。其实只要能抓住机会，一个眼神就可能改变孩子的一生。

表扬孩子的长处

巴勃罗·鲁伊斯·毕加索，世界最具影响力的现代派画家。他的作品对现代西方艺术流派有很大的影响。他对 20 世纪的艺术史有着浓墨重彩的一笔，人们称他为"人类艺术史上罕见的天才"。

毕加索从小就很有艺术天赋，他会做惟妙惟肖的剪纸，还创作了许多惊人的绘画作品。左邻右舍都称叹不已，称毕加索为天才。然而，这个"天才"却不是一个优秀的学生，上课对于他来讲简直就是折磨，听课时他不是漫无边际地幻想，就是看着窗外的大树和鸟儿。他似乎永远都学不会枯燥无味的算术。他无奈地对父亲说："1 加 1 等于 2，2 加 1 等于几，我脑子里根本就没去想。不是我不努力，我拼命想集中自己的注意力，可就是办不到。"他为此成了同学们捉弄的对象，他们喜欢跑到毕加索的课桌前，逗他玩："毕加索，2 加 1 等于几？"然后看着毕加索呆呆的样子哈哈大笑。就连老师也认为这孩子智力低下，根本没法教，他经常在毕加索父母面前，绘声绘色地描绘毕加索的"痴呆"症状，毕加索的母亲听了又羞又恼，觉得无脸见人。左邻右舍也不再为他的绘画天赋叫绝，而私下议论说："瞧那呆头呆脑的样儿，只会画几幅画有什么用。"当时几乎所有的人都认为毕加索是一个傻瓜。

面对风言风语的议论和嘲笑，毕加索的父亲仍然坚定不移地相信：儿子虽然读书不行，但是绘画是极有天赋的。他对孩子有真正的理解和赏识。他对儿子说："不会算术并不代表你一无是处，你依然是个绘画天才。"小毕加索看着父亲坚毅的面孔，找回了一些自信。果然，毕加索总是似乎毫不费力就能绘出才华横溢的图画，也渐渐忘记了自己功课方面的"无能"。但是，嘲讽却并没有就此停息，反而愈加猛烈。小毕加索脆弱的心灵蒙上了阴影，他变得不爱说话了，更不爱和小伙伴们一起玩耍。这个时候，父亲每天坚持送儿子去上学，一到教室，父亲便把画笔和用作模特的道具放在课桌上。父亲成了儿子强有力的心理依靠，似乎离开了父亲，毕加索根本没有勇气去面对生活。

对毕加索巨大的艺术成就，人们总喜欢一言以蔽之：毕加索是人类艺术史上罕见的天才。其实，纵观毕加索青少年时期所受的教育与影响，应该承认毕加索是有绘画的天赋，但如果毕加索父亲不是那么相信他，总是表扬他绘画的天才，毕加索也肯定成不了世人交口称赞的"天才"。

告诉家长的小哲理

毕加索的父亲无条件地相信孩子，在关键时刻拯救了孩子。我们做家长的也应该尽可能地扬孩子所长，避孩子所短，使孩子身心都能得到健康的发展。即使他没有毕加索那样的天赋，也至少给他一个没有阴霾、充满阳光的心灵啊！

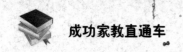

第四章　做好家长，
要给孩子一个自由成长的空间

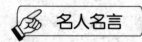

每个对孩子将来负责的父母，应该牢牢记住这个很重要的育儿原则——替孩子们做他们能做的事，是对他们积极性的最大打击。

——蓝天

给孩子一个自由的空间

张林的儿子今年 4 岁了，一直以来妈妈都无微不至地照顾着孩子，孩子也在温馨快乐的环境下长大，但是有一件事情慢慢引起了妈妈的注意。那就是孩子的动手能力很差，很多事情要做的时候先看看妈妈。

开始的时候张林觉得没什么，也许是儿子过于依赖自己，但是慢慢地，她发现事情并没有自己想象中的那么简单。孩子经常该动手的时候不去动手，什么事

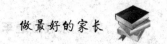

情都等着妈妈来，要不就会很茫然地坐在那里。

张林想这样肯定不成，孩子怎么能事事都要求妈妈来做呢？究竟是哪里出了问题呢？于是张林主动去找幼儿园老师探讨这个问题，老师的答案就是："要给孩子自由。"老师说："妈妈一味地包揽会使孩子的思维产生惰性，不再愿意自主地作出行动，其实如果妈妈愿意放开自己的手，给孩子自由发挥的空间，那么孩子一定会有所进步。"

回到家后，张林想了很多，孩子一直以来都是由自己照顾，生怕出现什么问题。现在孩子长大了一些，有些事情是应该让他亲力亲为了。孩子也有他的自由，有他的想法，这本是好的，但是由于自己过于担心，限制了孩子的行为，这样继续下去真的是不可取的。

从那以后，张林经常试着放开手让孩子自己去判断，自己去做一些事情，而不是过分地干预孩子。这时候她惊异地发现，原来自己的孩子是那么的聪明，她经常会听到孩子骄傲地说："不用妈妈我也能做得很好。"

告诉家长的小哲理

家长对孩子的态度，要充满尊重和关爱，要欢迎他，接受他，而不是将自己的意志强加于他。他拥有自己的想法，他拥有自己的世界，让我们放开双手，给孩子一片自由的天空吧！

让孩子学会依赖自己

最近，数学老师在班级搞了个"小先生制"，小博和同桌冉冉结对子，由小博当"小老师"。头几天，小博可高兴啦，每天回家都会向爸妈报告自己的"教学成果"。可是一段时间下来，小博每天回家都会跟妈妈"告状"。今天放学回家，一家人坐下来吃饭，饭桌上，小博边吃饭，边抱怨道："我的同桌冉冉真是太过分了，今天上课的题目又全部是我教他的，他自己每道题都不愿意主动去想。"

妈妈听了小博话，笑了笑，安慰道："儿子，你是老师，要有耐心哦！"

"可是，他老是这样依赖我，要是有一天我不教他了，他不是还是什么都不会啊！"

妈妈很惊讶小博会说出这样的话，如果一直当孩子的"拐杖"的话，假如有一天这拐杖没有了，孩子还会走路吗？由此，她想到小博上幼儿园的时候，她很紧张，怕孩子有这样那样的问题，所以事必躬亲，小博吃饭睡觉，作业辅导全包。小博在她的照顾下，顺利地度过了幼儿园时光，升入了小学。到了小学，她对小博还是延续以前的做法，可是慢慢地却发现，儿子的自理能力很差，都9岁了，每天起床还要三催四请的；晚上睡觉要是不提醒他，就一直憋着尿。二年级一次家长会，班主任宋老师就点名批评小博自理能力差。回家后，她反思了自己的做法，决定不再处处让小博依赖自己，而要锻炼孩子的自理能力，很多事情都试着让小博自己去做。渐渐地，小博变得不再依赖父母了。

告诉家长的小哲理

我们常常遇到这样的情形：早晨，家长起床后，叫孩子起床，等到早饭做好了，孩子还没有起床，于是家长就开始哄孩子起床，三催四请之后，孩子才勉强起来。然后妈妈帮着穿衣、洗脸、整理书包，然后送孩子上学，见孩子进了校门，悬着的心才稍微放下点。就在这样日复一日的生活中，孩子变得越发依赖家长；就在这样年复一年的日子里，孩子养成了眼高手低的坏习惯。而家长，却往往为这而埋怨孩子，其实，很多时候，孩子不够自立，问题都出在家长身上。

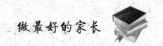

让孩子走出家庭这片小天地

有一位母亲在博客里说自己的妈妈是一位传统的知识分子，长辈言传身教的艰苦朴素的观念，不但影响了她，还影响了她对后代的教育。她的女儿上幼儿园，还穿着别人送的旧衣服，她经常教育女儿要省吃俭用。

这位母亲后来出国 2 年，见识到了外面的世界，价值观产生了很大变化，明白了只有积极才可能富有，节约只能解决温饱。回家后看到已经上小学的女儿还不会花钱，怕她跟不上时代，于是就积极地鼓励女儿把口袋里的零用钱都用掉。那段时间，母亲每周都带着女儿去餐厅吃饭，还带她坐在五星级饭店的大堂里看来来往往的风景。

为了女儿能受到最好的教育，她们搬到高级地段，把女儿送进重点小学，业余时间学绘画、学音乐、学外语。她买来有关礼仪和教女孩穿着打扮的书籍揣摩，终于，女儿爱上了阅读外国文学名著，喜欢上优雅、古典的美，欣赏自强、有个性的女人，在客人面前落落大方。许多人都说她女儿气质好。

母亲每个月至少带女儿去 2 次图书馆或书店，还根据她的爱好为她报了钢琴班，女儿的钢琴也过了 10 级。假期的时候，母亲带女儿去摘草莓、采樱桃，让女儿体会乡村的生活。

这些都让女儿见识了不少，但是平时在零花钱方面，她没有一定的计划，有些大手大脚惯了，平时的零花钱也不少，但是很快就用完了。为了让女儿学会有计划、把钱花在有用的地方，体会父母赚钱的艰辛，从初三暑假那年起，母亲就让她学着打工。

后来女儿找到了一份营业员的工作，每天去的时候不坐出租车，先走 20 分钟的路再坐公交车去上班。一个暑假过去了，女儿体会到了挣钱的不容易和生活中的点点挫折，从那以后花钱也懂得节制了。高一的暑假，女儿给自己定了一个计划，一边卖气球，一边在一家珍珠奶茶店里打工。快开学的时候，她用自己赚的钱买了一辆中意的自行车，还有一些结余。后来，平时家人给的钱，她也开始计划着花，慢慢地也积攒了一些。

告诉家长的小哲理

家长要让孩子去见识更多的东西，亲身体会世界的美好和生活的本质，培养他形成正确的价值观和金钱观——在这花花世界里，要懂得自立、自强。

孩子要有自己支配的时间

美国第 32 届总统富兰克林·德拉诺·罗斯福是美国历史上唯一连任四届的总统。

他出身于富豪家庭，父亲学过法律，又经过商，很有钱。罗斯福的父亲和母亲相差 26 岁，当罗斯福出生时，父亲年龄已经很大了。罗斯福有一个同父异母的哥哥，可是很早就离家在外，罗斯福的降生给这个本来就十分幸福的家庭又带来了无比的欢乐。幼小的罗斯福成为父母关注的中心。然而，罗斯福的父母并不娇惯他，而是严格地管束他，特别是罗斯福的母亲。

母亲为小罗斯福安排了很严格的作息时间表：7 点起床，8 点吃饭，跟家教老师学习二三小时，休息，下午 1 点吃饭，午饭后又学到 4 点，然后可以自由活动。

小罗斯福游戏时总习惯于自己是赢家，为了教育他，有一次母子玩一种棋类游戏，母亲故意不让他，接连赢了儿子。小罗斯福生气了，母亲故意不去理他，并坚持让儿子道歉。结果，小罗斯福认输了。

严格教育对生活在优裕环境中的儿童尤为重要。人生要经过许多磨难，特别是要成就大事业。如果只会享福，不能受苦，这样的人将不能立足于社会，更不能为社会献身，为他人造福了。因为这样的人只能满足于自己的成功和幸福，心理永远不会成熟。

罗斯福的家庭是民主的。小罗斯福不满意母亲制定的严格作息制度，一次他提出了抗议，要求母亲给他"自由"。母亲认真地考虑了儿子的要求，允许他"自由"一天。到了晚上，6岁的儿子满身灰尘，一脸疲惫地回来了。这一天儿子去干什么了呢？母亲没有过问。

罗斯福的母亲知道尊重孩子，满足他的合理要求。严管不等于束缚，给孩子自由活动的时间，使孩子在无拘无束中松弛一下，尽情地享受童年的欢乐，这对儿童个性的发展和良好品格的形成是有好处的。

罗斯福的父母非常尊重孩子的自主精神。他们一直认为：孩子应该有自己的选择权。只有这样，孩子才能有更高的自主性和主观能动性，才能在任何时候、任何情况下都以坚定的自信心去克服困难，适应生活，创造生活。

告诉家长的小哲理

孩子的成长和创造力需要一定的时间和空间。如果把孩子捆得死死的，一点自由支配的时间都没有，他怎么去进行创造？家长应该给孩子更多的时间和空间，让他去"淘气"，让他自由自在地去遐想，去活动，去创造。

放手让孩子学会独立

六年级（1）班在某报纸上出了毕业专版，学校记者团的指导老师叶老师组织孩子们开展报纸义卖活动，既为灾区捐款，又为学校做了宣传，还能锻炼孩子们的胆量，一举多得。这天早上，10 个孩子如约来到学校门口，叶老师交代了几句，大家就开始寻找最佳卖报地点。一开始，孩子们还比较拘束，拿着报纸，傻愣愣地站在街上，嘴里小声地喊道："卖报，卖报！"

叶老师到各个卖报点去转了一圈就回到学校，和门口的保安开始闲聊。保安汪师傅说："孩子们在卖报，您怎么不去看看啊！有个人在边上他们更有动力卖啊！"

叶老师笑着说："我不在乎孩子们能不能把报纸卖出去，关键是他们敢不敢叫卖！卖报到底是个什么滋味，只有他们自己知道，别人是替代不了他们的！"

时间过得很快，40 分钟很快过去了。和笑笑一组的悦悦的妈妈突然来了，拿着相机要给悦悦拍照，悦悦本来就不怎么会卖报，脸皮比较薄，见妈妈来了，更加有了依靠，而不愿意再叫卖了。悦悦的妈妈在边上，一会儿指点这个，一会儿指点那个，看悦悦不会，直接说："我来帮你卖吧！"

在一旁的笑笑有些不乐意了，有礼貌地说："阿姨，报纸我们想自己尝试着卖，您能别跟着我们吗？"

悦悦妈妈听了一愣，才意识到自己太过关注女儿了，只好不跟着他们。中途，孩子们回到学校补充水分，悦悦妈妈又跟来了。她还是不放心，开始指点悦悦怎么卖报，又跟悦悦说："女儿，哪些是你的报纸啊？我来代你卖吧，你歇会儿！"

这时，在一旁的叶老师看不下去了，委婉地说："悦悦妈妈，您能别参与吗？今天的活动，卖多少报纸不是重点，重点是孩子们亲自去体验！"

在叶老师的劝说下，悦悦妈妈只好在学校等，边等还边跟老师闲聊道："悦悦从来没有做过类似的活动，也不知道能不能把报纸卖掉！"

叶老师接过话茬道："为什么一定要关注孩子把报纸卖掉呢？卖报本身更重要啊，我看悦悦就很自信，你完全不用担心的！自己安心点，给自己放个假，孩

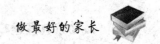

子才会独立成长啊！"

听了叶老师的话，悦悦妈妈不好意思地笑了起来，点头说道："您说得对，我有些担心过头了！"

告诉家长的小哲理

我们为什么对孩子不放心？是因为对孩子本身能力的不自信，或者是对自己能力的不自信，或者是这个社会太多的压力，压得我们不得不把孩子处处"抓"在自己的手里，像提线木偶一样。很多家长其实也清楚，过分关注、过分关心对孩子独立自主能力的培养并不是一件好事情。但是却往往口头上认同，心里却不由自主地想要去帮助孩子。

让孩子有自己的主见

玛格丽特·撒切尔夫人，英国前首相，1925 年生于英格兰林肯郡的格兰瑟姆市。1983 年 6 月，她被选为英国皇家学会会员。1975 年 2 月，她竞选保守党领袖获胜，成为英国政党史上的第一位女领导人。1979 年 5 月，保守党在大选中获胜，她遂成为英国第一位女首相。1983 年 6 月，保守党再次在大选中获胜，她连任首相。她任职期间工作勤恳，政绩卓著，被称为"铁娘子"。

撒切尔夫人的父亲罗伯茨是英国格兰文森小城的一家杂货店主。玛格丽特（撒切尔夫人）5 岁生日那天，父亲把她叫到跟前，语重心长地说："孩子，你要记住——凡事要有自己的主见，用自己的大脑来判断事物的是非，千万不要人云亦云啊。这就是爸爸赠给你的人生箴言，就是爸爸给你的最重要的生日礼物，它比那些漂亮衣服和玩具对你有用得多！"从此，罗伯茨着意把女儿培养成一个坚强独立的孩子，下定决心要塑造她"严谨、准确、注重细节、对正确与错误严格区分"的独立人格。有了父亲这样一个"人生导师"，玛格丽特健康地成长着。

罗伯茨其实并不穷，但是家里生活却很清淡艰苦，没有洗澡间、自来热水和室内厕所，更没有值钱的东西，玛格丽特有一阵子迷上了电影和戏剧，她几乎每周都去一次电影院或剧院，玩得不亦乐乎。有一天当她的零用钱不够而向父亲"借"的时候，父亲坚决地拒绝了。因为父亲特意要为女儿营造一种节俭朴素、拼搏向上的氛围。从小父亲就要求她帮忙做家务，10 岁时就在杂货店站柜台。在父亲看来他给孩子安排的都是力所能及的事情，所以不允许女儿说"我干不了"或"太难了"的话，借此培养孩子的独立能力。

后来玛格丽特入学后，她才惊讶地发现她的同学有着比自己更为自由和丰富的生活，劳动、学习和礼拜之外的天地竟然如此广阔和多彩。他们一起在街上游玩，可以做游戏、骑自行车。星期天，他们又去春意盎然的山坡上野餐，一切都是那么诱人。幼小的玛格丽特心里痒痒的，她幻想能有机会与同学们自由自在地玩耍。有一天，她回家鼓起勇气跟充满威严感的父亲说："爸爸，我也想去玩。"罗伯茨脸色一沉，说："你必须有自己的主见！不能因为你的朋友在做某件事情，你就也得去。你要自己决定你该怎么办，不要随波逐流。"见孩子不说话，罗伯茨缓和了语气，继续劝导玛格丽特："孩子，不是爸爸限制你的自由。而是你应该要有自己的判断力，有自己的思想。现在是你学习知识的大好时光，如果你想和一般人一样，沉迷于游乐，那样一定会一事无成。我相信你有自己的判断力，你自己做决定吧。"听罢父亲的话，小玛格丽特再也不吱声了。父亲的一席话深深地印在了她的脑海里。她想："是啊，为什么我要学别人呢？我有很多事要做呢。刚买回来的书我还没看完呢。"

罗伯茨经常这样教育女儿，要她拥有自己的主见和理想。特立独行、与众不同最能显示一个人的个性，随波逐流只能使个性的光辉淹没在芸芸众生之中。

正是罗伯茨对女儿独立人格的培养，才使撒切尔夫人从一个普通的女孩，最

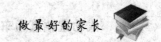

终成为一位连任三届的英国首相，执政 12 年，在世界政治舞台上叱咤风云的政治家。

告诉家长的小哲理

你可能对自己的孩子并不抱有太大的期望。但是，无论是对于伟人还是平凡之辈，拥有主见都是可以受用一生的宝贵财富。再可爱的小鸟，终究也要飞离温暖的母巢，你不可能照顾孩子一辈子，尤其在这样一个日益复杂纷纭的世界，孩子岂能躲在无风无雨的温室里成长？所以，尽早教会他独立吧，让他自己吃饭穿衣，让他自己挣零花钱，让他用自己的头脑和眼睛认识世界，让他成为他自己！

让孩子自己去交朋友

应该说女儿还算是个蛮懂事的孩子，读书成绩虽不是名列前茅，但也称得上良好。只是，女儿一直是个个性较强的孩子。去年，一直很少与同学来往的她，突然开始热衷交友，常常会有同学打电话来家里，每次同学的电话，她都要躲进自己的房间接听。慢慢地，节假日的时候，孩子同学间的聚会也逐渐增多。刘芳开始为女儿担心，更想弄清楚她究竟跟些怎样的同学交往，但刘芳了解女儿的个性，强行阻止或过多盘问，只会激起她的逆反心理，也问不出个所以然。不得已，刘芳只能采取盯梢的办法。

那天周末，女儿告诉妈妈与几个同学约好一起逛街，刘芳没有阻拦，但等她出门后，刘芳便悄悄地跟在她的后面。刘芳也知道，若被女儿发现，以她的脾气肯定不会罢休。但毕竟是妈妈，希望多了解一点女儿也很正常。刘芳想知道，她究竟跟哪些同学交往？是否有男同学？他们的关系如何？刘芳如此紧张，只因为女儿正处在一个敏感的年龄段，稍有疏忽，后果不堪设想。就这样在她后面，刘

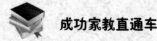

芳足足跟了有五六站路，走得她腰酸背疼，关键还不能正大光明地走，既想看清楚她的交往对象，又不能走太近怕被发现，真的像拍电影一样，也真难为刘芳。

谁知，眼看就要成功，一个躲闪不及时，还是给女儿发现了，当街她就和刘芳吵起来。看到女儿那鄙视和厌恶的目光，刘芳心里的火蹭蹭地直往上蹿，这孩子也太不知好歹了。盛怒下，刘芳上前就给女儿一个耳光。女儿瞪大了眼用极其陌生的眼光看着刘芳，一声不吭，转身就走。等刘芳意识到做得太过了时，女儿已经走得没影了。从那天起，她有三个月没跟刘芳说过一句话。刘芳也曾放下姿态，主动去跟她聊天，并为自己那天的冲动行为真心地向她道歉，还特意买了些她平时喜欢吃的零食和小饰品，但都没能让她动心。每天进出家门，女儿就当刘芳是空气，正眼也不瞧一下。这3个月，刘芳的心很痛，她知道，女儿的心里也不好受。后来还是丈夫实在看不下去他们母女俩如此长时间的冷战，从中调和、开导。虽然女儿现在已经开始跟刘芳说话，但看得出，她变了，跟妈妈的心已经有了隔阂，她已不再像以前那样在刘芳面前可以随性地说笑和闹别扭，好像她一下子变得成熟了，客气了。刘芳觉得，自己已经走不进女儿的心了。刘芳真不知道要怎么做，才能找回以前的女儿。

告诉家长的小哲理

在很多家庭里，尤其是毕业生的家长，普遍不希望孩子和好友走得太近，理由都是：孩子们待在一起容易分心，会影响学习！更有甚者，一些家长为了让孩子们保持距离，苦口婆心地劝说自己的孩子，把孩子的朋友当敌人，粗暴对待他们，不欢迎他们来家做客，不帮忙传电话。殊不知，这些做法对孩子的交际能力的发展和成长来讲一点儿都不利。

不参与到孩子的"人生规划"中

一位教育专家说过："作为家长，你应帮助孩子发现个人的价值并鼓励他努力实现个人的价值，成为成功者。"要想把孩子培养成为杰出的人，家长必须在关键时刻扮演孩子的生命导师的角色。

文文从小就很聪明，正因为这样，在她还小的时候，就觉得自己一定要比别人好才行。所以上小学时，她每年都考第一名，但是她并不骄傲，而觉得这是理所当然的。上了初中后，由于竞争激烈，文文的成绩虽然没有下降，却也感受到了以前从没有过的压力。其实，她已经做得很好了，她的努力和坚持都得到了老师的赞扬，但是文文因为不是每次都能考第一名，于是就变得有些焦虑，并对自己的能力产生了质疑。为了保持好成绩，她只有拼命读书，但过度的劳累却让她的体质变差了。

爸爸看到文文的这种情况有些着急了，他觉得是自己的教育方式导致女儿觉得一定要拿第一名才是成功的。爸爸自然不愿意看到文文不开心，就决定让她自由发展，不再向她灌输争强好胜的思想。有一天，他对文文说："人生就像一趟旅行，能做到最精彩很好，但我们也不一定非要得第一。如果为了更快地达到下一个目标而使自己过度劳累是不值得的，人生路上还有许多美丽的风景，有时只有把脚步放慢了，才能欣赏到这些风景。所以与其费尽心力追求优秀，还不如让自己开心地做到良好。"

爸爸的一番话改变了文文的生活态度，她开始坦然地对待成绩，这让她以后的生活很快乐。后来，文文给人的印象是：虽然年龄不大，却有一般女孩没有的成熟，说话的时候语速很平稳，音量不是很大，却能给人一种睿智而镇定的力量，总能让听的人感觉很舒服；她生活得很快乐，也很有规律，做健美操、学习、孝敬父母，该做的一样也不耽误；对于他人得到的荣誉，她从来不嫉妒，对于其他人的错误，她也从不会刻薄地对待，与周围那些拼命为学习奔波的同龄人比起来，她的人生已经算是充实而精彩的了。

告诉家长的小哲理

很多家长喜欢积极地参与到孩子的"人生计划"中，其实替孩子成长远不如看孩子成长。在必要的时候给孩子一些启示，只有让他自己经历风雨，才能收获人生的硕果。

让孩子有自己独立的人格

按照小叶自己的说法，她从小就是"娇生惯养"、"养尊处优"的大小姐。因为家族里已经有多位男孩，爷爷奶奶、爸爸妈妈一直都盼着能有个女孩。

天遂人愿，小叶的到来给这个祥和美满的家庭又增添了一丝温馨之感。

对这个姗姗来迟的"小公主"，家里人都倍加关爱，甚至连她每天刷牙的牙膏都是父母事先挤好的。但是，身为教授的爷爷却常常教育小叶："女孩也应当自强，不能事事都依赖他人。"

也许是受爷爷的影响，小叶从小就很要强。即使有时候父母明确地告诉她"这些事情我们来替你解决"，小叶也总是直截了当地拒绝他们的好意。

上大学时，很多家长都会陪孩子一同去学校报到，但是小叶不仅没有让父母送自己，而且谢绝了父母陪读的想法。虽然从未出过门的她有很多事都做不好，就连最简单的煮方便面都不拿手，但爷爷还是很赞同她的决定。

经过几年独立的大学生活，小叶学会了很多生活技巧，甚至自行车出现的小毛病，她也能自己修理，这在父母眼中是难以想象的。因为他们怕小叶摔伤，所以从来就没教过她骑自行车，更别提修理自行车了。

更令父母惊异的是，小叶居然学得了一手好厨艺。要知道，她在家时可是十指不沾阳春水的"小公主"。因为父母曾经一度认为，学习才是小叶的首要任务，除此之外，一切都无需她亲自动手。小叶有这样的变化令父母很欣慰。

告诉家长的小哲理

对现代家长而言，不仅要"该出手时就出手"，还要懂得"该放手时且放手"；只有这样才能让孩子学会自立、自强。放开束缚在孩子身上的那只手，他会发挥出令你意想不到的潜能。

独立性格是人格健全的表现之一，对于孩子日后的学习、生活以及成年后的事业与家庭有着至关重要的影响。

让孩子做自己想做的事情

小林是一个聪明的孩子，总是喜欢自己动手做什么。但是，小林的爸爸却很讨厌儿子把家里弄得乱糟糟。

有一次，老师给学生留了一项家庭作业，是手工制作，让学生自己想做什么就做什么，老师并没有做出限制。这是小林最喜欢的了，他回家以后就兴致勃勃地自己做了起来。

他自己弄了很多硬纸片，准备了胶水、剪刀等工具，他要做一艘军舰。因为他的理想就是当一名海军战士。可是，正当小林要大干一场的时候，他的爸爸回来了，看到小林在做东西，把家里翻得很乱，就不让小林继续做了。小林告诉爸爸，这是老师布置的作业，爸爸想了想，说："你要做什么？我帮你做。"于是，也没等小林同意，爸爸就做了一艘军舰，做得很漂亮。可是，小林一点高兴的样子都没有，爸爸催促小林快去睡觉，小林只好回到房间里去了。

晚上，爸爸看到小林的房间里仍亮着灯，就很生气，他正准备训斥小林的时候，突然在门缝里看见小林在做军舰，而自己的军舰被儿子当作样品来参考。看得出来，小林很认真，每一个部分都用尺子标出长度，爸爸在门外站了好久，也没有忍心去打扰孩子的"认真工作"，他忽然觉得自己很过分，又觉得小林真的是一个好孩子。

早上，爸爸在餐桌上向小林承认了错误："儿子，你的军舰虽然没有爸爸做的好看，但是，你能这么认真地做，实在是很难得啊！爸爸真为你高兴，而且爸爸以后再也不反对你自己做东西了。"小林感到很惊讶，自己的爸爸能跟自己道歉，而且还夸奖自己，觉得很高兴。从此以后，小林做什么事情都非常认真，也更加自信了。

告诉家长的小哲理

孩子在动手做事情的过程中，手的动作是在脑的活动支配下进行的，是孩子各种能力的综合运用过程。家长可以在孩子动手做事情的时候观察孩子，来观察他有什么独到之处，如果发现了就一定要赏识孩子。孩子有他自己做事情的方法，家长不要干涉，这对于孩子的能力是一个很好的锻炼，要在孩子做事情的过程中去赏识并帮助孩子提高各种能力。

让孩子自己决定想要什么

吃过晚饭，闻闻小心翼翼地说："妈妈，我们学校组织野外拓展训练，我想参加。"

"不许去，多危险啊！你要是出点事情，我怎么跟你奶奶交代啊！你可是她

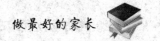

的心肝宝贝。"妈妈毫不客气地拒绝了闻闻的要求。

闻闻很失落地回到自己的房间，本来想写作业的，可心情却很差，望着数学作业发呆，脑子里空空的，开始胡思乱想：老妈经常这样毫不客气地拒绝我的要求，我到底是不是她亲生的呀？记得上次班级组织班干部竞选，闻闻也想试试，回家征求妈妈的意见，妈妈一听闻闻要竞选班干部，立马沉下脸来，生气地说道："你现在学习任务多重啊，哪还有心思去做那些吃力不讨好的事情啊！你现在最重要的任务就是成绩稳定在前三名，不许掉下来，别的事情就不要去做了。"

闻闻听了妈妈的话很失落。看出儿子失落了，妈妈安慰道："闻闻，妈妈这样做也是为你好，天下哪有妈妈故意为难儿子的啊？妈妈这样做是为了保证你的学习时间，保证你的成绩能够稳固。爸爸妈妈把全部的希望都寄托在你身上了，我们希望你能按照我们给你安排的路走，这样对你是有好处的。"妈妈都这样说了，闻闻还能说什么呢？只能打消这样的念头。在班级里，他只是个成绩超好的同学，其他方面几乎从不涉及，所以在班上他常常觉得很孤独，每到班级举行晚会之类的活动时，也是闻闻最难受的时候，因为他除了学习别的什么都不会。记得还有一次圣诞晚会每人要出一个节目，闻闻挖空心思想到一个节目，那就是出题比赛，就是班上同学可以问他任何一道数学题，他都可以答上来。

闻闻此话一出，班级同学都不出声了，大家觉得圣诞晚会就是玩乐的时候，干嘛还要跟学习沾上边啊，所以都拒绝出题，弄得闻闻在台上干站了几分钟，悻悻地下台了。

告诉家长的小哲理

现在城市家庭的孩子大多数是独生子女，家长"望子成龙"、"望女成凤"心切，从小就对孩子的衣食住行、学习生活采取全包干的态度，孩子只要学习好，其他事情都可以暂缓或者不做，这是很多家长的共同想法。为了让孩子少走

"弯路"，有些急功近利的家长就强势地替代孩子，自行决定孩子可以有哪些需求，不可以有哪些需求，用"亲情"的伪装包裹着孩子，让孩子一味地服从家长。这样做，对锻炼孩子的独立自主能力、应对危机能力和身体素质的提高等各个方面都是不利的。

让孩子对自己的人生负责

森林里有 1 只非常胆小的刺猬，它不敢自己出去，便整天跟在妈妈身后，不离开妈妈半步。可是有一天，刺猬妈妈身体不舒服，不能出去找吃的，而小刺猬又非常饿，所以它让小刺猬自己出去找一些东西吃。小刺猬虽然很害怕，但是没有别的办法，便只好自己走出家门。

走在路上，小刺猬总感觉有东西在它身边，森林里的一切事物都让它胆战心惊。突然它看到一个毛茸茸的东西把树枝弄出了声响，小刺猬便吓得边跑边大声喊："救命呀，有老虎！"

树上的猴子转身对它笑笑说："我是金丝猴，不是老虎，别害怕。"小刺猬这才把头转过来，仔细一看，果真不是老虎，它不禁为自己的胆小脸红起来。

小刺猬继续向前走，结果没走多远，它就遇到了真正的老虎。这只老虎凶狠地看着小刺猬，张开血盆大口要把它吃掉。小刺猬看到这种情形，吓得赶紧缩成一团。

老虎为难了，这个小东西浑身是刺，如果真吃了小刺猬，恐怕自己的嘴巴和舌头都要被扎得不成样子。于是，老虎就趴在地上，等着小刺猬把身体展开，最后，它甚至打起了瞌睡。

小刺猬一看老虎在这儿等着，它开始着急了，自己到现在还没回家，妈妈一定急坏了，而且它还没找到食物，自己饿着，妈妈也在家饿着呢。小刺猬被逼得走投无路，只好壮起胆子与老虎对抗。它把身体缩成一团，准备从老虎身边滚过去，结果一不小心把老虎刺醒了。老虎立刻精神起来，对它大声喊叫，但是小刺猬全身上下都是刺，老虎再发怒也拿小刺猬没办法，最后只好自认倒霉地走了。

战胜了老虎后，小刺猬继续上路寻找食物，到了晚上，它采了许多果子带回家，并把遇到老虎的事情告诉了妈妈。妈妈高兴地对它说："你真是个勇敢的孩子，连老虎你都能打败。"小刺猬心有余悸地说："我开始也很害怕，但我实在没有别的办法了，所以才想和它对着干，而且后来我发现老虎根本就对我无计可施，所以我就大胆地想从它身边跑掉，结果我成功了。"

告诉家长的小哲理

家长应该适当地对孩子放手，给他一些自由发挥的空间，至少也要让他能为自己的人生做选择，这样才能让孩子真正地体验到人生的美好。家长应该时刻提醒自己：不要包揽孩子生活的一切内容。家长不可能跟孩子一辈子，所以应该尽快让他们学会对自己的人生负责。

让孩子自己去创造想要的生活

24岁的珍不仅长相美丽，而且学习成绩优异，毕业时，她曾获得"优秀毕业生"的称号。依靠父母的关系，珍去了一家外贸公司就职，因为专业不对口，以及无法处理繁杂的人际关系，珍仅上了1个月的班就辞职了。

此后，珍找了很多份工作，每次都坚持不到试用期结束，她总是为自己找很多原因——人际关系复杂、工作较为繁重、领导不好相处等。

为此，她的妈妈总是说："找不到合适的工作就在家里待着，放心，有妈妈在，你一切都不用操心。我再托人找关系，一定让你去大公司当白领，不受那些

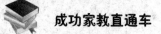

小公司老板的气。”

其实珍遇到的这些问题是年轻人刚参加工作时常会遇到的，但是，对珍来讲却是很大的事情，好像根本就无法解决似的。因为从小到大，珍的妈妈都为她打点好一切，只要求她好好学习，其余事情都不用她做。同时，还杜绝她外出交友，怕社会上的不良习气影响她。

珍就这样游移不定地度过了几年，眼看同学的事业都小有成就，惟独她还是一无所获。看着女儿苦闷的样子，妈妈又说：“女孩子干得好不如嫁得好。”

于是，妈妈就帮珍介绍了一个家境殷实的小伙子。起初，珍不太喜欢这个男孩，但是，妈妈总是说：“他的家境殷实，你以后就可以高枕无忧地做少奶奶了，省却了多年奋斗打拼的经历，日子也一样会过得很好！”

从小对妈妈言听计从的珍，就这样与相识不到半年的男友草率地结婚了。

可是结婚不到一年时间，珍就发现丈夫有了外遇，同时，妈妈又因患心脏病住了院。面对眼前的处境，珍不知道该如何是好，一瞬间，她的“两座靠山”都崩塌了。

苦闷之极的珍找到了心理医生，希望重新燃起生命之火。在医生的指导下，珍回忆起了幸福的童年生活与对自己有重大影响的人和事。

珍曾经像“假小子”一般，整日活泼好动，凡事都想亲身体验一下，但是父母告诫她要文静，否则，没有人会喜欢她。最让珍印象深刻的是，父母好像并不给她做主的权利，对她更不寄予厚望，当然，也不会认为她是个有能力的人。父母最常说的话就是：“女孩子嘛，差不多就可以了。”

有一次，珍对爸爸说起自己的宏图大志，爸爸只说了句：“这应该是男人做的事情！”

就这样，珍的想法和意见统统被父母的“爱”所淹没。她变得没有想法，只按照父母的意见行事，因为她心里想：父母永远都是对的，他们做的任何决定都是为自己好。有父母为自己做决定，自己也省去了很多麻烦，何乐而不为呢？但是，直到她生命中的两个"依靠"，一个不能再依靠，一个不值得再依靠时，她的精神世界彻底崩溃了。

告诉家长的小哲理

家长要知道，你应该让你的孩子成为一个头脑健全、思想丰富的人。如果家长把孩子当作玫瑰花一样来看待，那么，女孩就会认为自己是一株玫瑰花，而且是一株不劳作就有收获的花魁。

这种想法无疑会让孩子处处碰壁。家长无法屏蔽他生活中的所有问题和困难，更不可能帮助她解决所有的困惑。就这样，孩子会遭受更大的磨难、更多的痛苦，这显然不是家长想看到的。

第五章 做好家长，要讲究教育孩子的方式方法

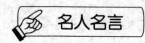 名人名言

即使是普通的孩子，只要教育得法，也会成为不平凡的人。

——爱尔维修

站在孩子的角度为他着想

巴西球王贝利出生在一个贫困的家庭，父亲原先是个足球运动员，因伤退役后家境变得穷困潦倒。贝利从小酷爱足球，很早就显现出踢球的天分。因为家里穷，父亲没有钱买足球，但为了鼓励儿子对足球的热爱，他用大号袜子、破布和旧报纸，为儿子自制了一个"足球"。从此，贝利常常光着黑瘦的脊梁，在家门前坑坑洼洼的路上，赤着脚练习踢球。

10 岁的贝利和伙伴们组建了一支街头足球队，而且战绩频频，在当地渐渐有了名气。巴西人很喜欢足球，因此，周围的不少人向崭露头角的贝利打招呼，还给他敬烟。贝利很享受那种吸烟带来的"长大了"的感觉，渐渐有了烟瘾。

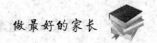

但因为买不起烟，他只好向别人索要。

一天，父亲撞见贝利在街上向人要烟，父亲很生气，心里难受，脸色难看，眼里充满了忧伤。贝利见父亲发怒，害怕得低下了头。

回家后，父亲问贝利抽烟的事，他小声为自己辩解，说自己只吸过几次。他知道自己错了：小小年纪就抽烟，而且还撒谎。忽然，贝利看见面前的父亲猛然抬起了手，他吓得肌肉紧绷，捂住自己的脸。但父亲给他的并不是预想的耳光，而是一个紧紧的拥抱。

父亲把贝利搂在怀中说："孩子，你有踢球的天分，可以成为一个伟大的球员。但如果你抽烟、喝酒、染上各种恶习，那足球生涯可能就至此为止了。一个不爱惜身体的球员，怎么能在 90 分钟内一直保持较高的技术水平呢？以后的路怎么走，你自己决定吧。"

父亲放开贝利，掏出几张纸币，告诉贝利说："如果你真想抽烟，要自己去买，总向别人要会让你丧失尊严。"

贝利感到十分羞愧，眼泪几乎要流出来，他抬起头看看父亲，发现父亲的脸上已是老泪纵横了……

贝利从此再没有抽过烟，也没有沾染足球圈里的任何恶习。他以魔术般的足球技术和高尚谦逊的品格，被誉为 20 世纪伟大的足球运动员。

告诉家长的小哲理

许多家长对孩子的要求过于严格和苛刻，不知欣赏孩子的长处，只知道教训和批评孩子的不是，而不能站在孩子的角度为其着想。如果家长能够换一种思考方式，站在孩子的角度去看待考试，去看待孩子的一些问题，帮助孩子总结经验，分析原因，孩子就愿意和家长配合，向家长说出自己的问题，比如，没考好的原因，平时的学习状况等。这时家长才能真正帮助孩子解决问题，如果是因粗

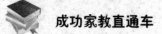

心出现的错误下次一定要注意，如果是学习中有困难，想办法给孩子补补课，孩子也一定会对家长的教育心服口服。

把"爱"作为教育孩子的出发点

又是一个周五的晚上，李栋放学回到家一推开门，就对妈妈说："妈妈，我明天约好要和同学一起去打篮球，可以吗？"

李栋的妈妈正在做饭，一听孩子的要求，当时没有答复，巧妙地将话题岔开了，李栋也没有在意。

接下来的时间，李栋的妈妈想了很久，答应不答应呢？不答应吧，首先，孩子已和同学约好，不去就会使他失去诚信。其次，孩子出去锻炼锻炼，也是好事。可答应吧，前两天老师刚开完家长会说班里的很多男生迷恋篮球，有的因为打球连作业都不写了。再说，这么小的孩子立场不坚定，万一被那些男生带坏怎么办？还有，李栋下周就要月考了，这两天应该好好在家复习呀，这一打篮球就差不多要耽误一天呢！

这么多顾虑让李栋的妈妈非常为难。但是想来想去，权衡了利弊之后，李栋的妈妈还是决定让李栋去打篮球。不过，李栋的妈妈也提出了条件："出去打篮球可以，但是一定要注意时间，12 点之前回来，我们等你吃饭。"

听了妈妈的话，李栋非常高兴。

第二天早上，李栋一早起来就收拾好了打篮球的东西。出门的时候，李栋的妈妈提醒李栋说："你要记住我们的约定，12 点之前必须回来，我们等你吃饭。我相信你一定会按时回家的，对吗？"

"妈妈，你就放心吧！你愿意让我出去玩，我也一定会听你的吩咐，按时回家的。"李栋信誓旦旦地说。

一上午很快就过去了，当时针指向 11 点 40 分的时候，李栋还没回来。李栋的外公提醒李栋妈妈说："给李栋打个电话吧，提醒他早点回家。"李栋的妈妈拒绝了外公的建议，她相信李栋一定会按时回来的："不用打，我相信他，很快就会回来的。"

时间在一分一秒地过去，11 点 55 分，防盗门发出熟悉的响动，李栋红扑扑的小脸儿终于出现在门口。

李栋的妈妈非常激动，她感动于儿子的守信，感动于儿子的可爱。

告诉家长的小哲理

记得苏霍姆林斯基在《要相信孩子》一书中说："儿童的心灵需要极大的关注和爱护。"其实回头仔细想想，我们每个人不都渴望别人的关爱吗？作为一个社会的人，作为孩子，理应获得我们每个人的关注和爱护。所以在我们的教育中，就应坚持以"爱"为出发点。在整个教育过程中，应把爱放在重要地位。这样，在孩子出现问题以后，才能采取正确的教育方法。

不要抢走孩子的玩耍时间

思想家卢梭在谈到教育时这样说："孩子的人生不是父母的私有财产，如果连最基本的平等都无法给予最爱的人，就不要妄谈教育。"父母不应该把自己未完成的目标寄托在孩子身上，更不能因此对他施加压力，给他一个宽松的成长环境往往比限制他好得多。

为了应付古筝考级，周末时，古筝老师让所有孩子都加紧训练。那天在古筝老师的家里有 9 个孩子，18 个家长，本来宽敞的屋子被挤得水泄不通。

因为小越报考的级别最低，她的父母坐在人群中感觉有些难为情。当轮到小越在众人面前表演的时候，小越的爸爸特别希望她能超常发挥。也许是因为人太多的关系，教古筝的老师一反平时温和的态度，先是说小越没弹出味道来，又说她指法不对。在老师严厉的指导下，小越又弹了一首曲子，可是依旧没什么改进。这时小越有些担心地看了看远处的父母，从她的表情中可以看出她的情绪很紧张。

爸爸看到小越的表情，为了不给女儿压力，他立刻装出一副不在意的样子；可是，小越妈妈的脸上却明显带着不满，于是爸爸悄悄地捅了一下妈妈。在小越弹完离开椅子后，她已经满头大汗了。爸爸看小越脸上有些汗，便帮她擦了一下说："你已经尽力了。没关系的。"听完爸爸的话，小越顿时平静了许多，她又看了看妈妈，发现妈妈也没有生气，她这才放松下来听别的孩子演奏。

过了一会儿，突然有一个孩子在别人演奏的时候哭起来，小越的爸爸回头一看，原来是一位家长看自己孩子的表现不好，有点恨铁不成钢，就打了她一下，以示"警告"。可是孩子不懂掩饰，就哭出声来。本来就有些烦躁的老师用余光看了那位家长一眼，示意他带着孩子出去。这时小越也跟着一起出去了，爸爸跟在小越后面，发现她原来是要去安慰那个孩子。

9个孩子都弹完一遍后，老师开始点评。其中只有一个孩子弹得很好，受到了老师的称赞，于是老师把那个孩子的妈妈也请到台上。那位妈妈不善言辞，但脸上明显写着骄傲，其他家长都充满敬意地看着她，并向她请教教子经验。她骄傲地说："我没有什么特长，但是我一定要让女儿有一技之长，所以我对她很严厉，如果她弹不好，就不许她吃饭。"

走出老师家后，小越很小声地问爸爸回家后她需要把曲子练习几遍。小越的爸爸没有回答具体的数字，而是说："练到你不喜欢练为止。如果你不喜欢弹的话，爸爸妈妈是不会逼你的。"后来，女儿反而越来越喜欢古筝了。

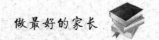

告诉家长的小哲理

现在很多家长都不允许孩子玩耍，他们认为玩耍只是浪费时间，还会耽误学习。其实，这只不过是家长对孩子玩耍的一种误解。玩耍也是孩子学习知识的过程，对孩子的身心发展有很重要的作用。

不放任孩子的小毛病

小倩高中毕业以后，考上了一所有名的大学，这让她的父母非常高兴。但是，快开学的时候，父母的烦恼来了。小倩虽然已经 18 岁了，但是连自己的衣服都没有洗过，她甚至连一包方便面也没有煮过。妈妈对小倩总是呵护备至，小倩在小学毕业以前，衣服都是妈妈帮着穿的。

这次小倩要到离家很远的地方去读书，让父母非常担心，而小倩自己也为此忧心忡忡，因为她从来也没有离开过家。即使初中和高中都是住校，但是因为学校离家很近，有时中午小倩会跑回家里吃饭，顺便把没有洗的衣服和袜子带回家让妈妈洗。现在自己要到一个离家很远的学校去读书，那些脏衣服可怎么办呢？

父母虽然没有办法，但还是把女儿送去上学了。临走的时候，小倩抱着妈妈哭得十分伤心。妈妈看见女儿这样，也不忍心离开了。于是她向单位请了假，决定在学校陪女儿一段时间，希望女儿能够尽快地适应新环境。小倩听到了这个消息很高兴。

于是小倩搬出了寝室，和妈妈住在离学校不远的一家小旅馆里，每天还是由妈妈帮她洗衣服。可是，妈妈还要上班，没有办法，后来小倩只能回宿舍住了。对生活一窍不通的小倩，遇到的麻烦一个接着一个。

女孩子爱干净，总要换衣服，可问题是衣服换下来谁给洗呢？她只好把脏衣服放到箱子里。寝室里的同学都觉得她这种做法非常奇怪，小倩根本不好意思告诉同学她不会做这些事情。有一天，寝室的管理员查卫生，发现了小倩床底下堆积的脏衣服，就把小倩的寝室作为不讲卫生的典型，把她们的寝室号公布在学生宿舍的门口。这件事情让寝室的其他同学都非常气恼，舍友都对小倩说："你为什么不去洗洗你的衣服呢？你这样做我们大家都跟着你倒霉。"

小倩为此很沮丧，她打电话回家把这件事情告诉了妈妈，妈妈只好让女儿把那些脏衣服都寄回家。大家知道小倩这么做后，都嘲笑她，这让她心里很不好受。但是自理的能力并不是一朝一夕就能锻炼出来的，而且小倩又从来没有做过这些。在放假回家的时候，小倩跟妈妈说了自己在学校发生的事情，小倩哭着对妈妈说："我再也不愿意去学校了。"妈妈这才意识到，自己培养女儿的方式是错误的。

一家人，就这么一个女孩，捧在手里怕摔了，含在嘴里怕化了，家里人把她宠着爱着，无论什么事都替她包办，因此，她变得没有自理能力，有点小事就找父母。而父母呢，女儿一有麻烦，他们就赶紧跑过去替孩子解决。这样做的后果让孩子依赖性过强，无论遇到什么事情都不会自己去解决。父母在教育孩子的时候，要教会孩子自己解决问题的能力，要让孩子自己去面对问题。

告诉家长的小哲理

"温室"还表现为家长对孩子的迁就。现在的家庭中多数都只有一个孩子，由于家长的宠爱，即使孩子身上有一些小毛病，家长也会放任不管，而家长对孩子过度的关心和迁就更强化了孩子的这些小毛病。要知道，一个人的习惯并不是天生的，而是后天养成的，许多习惯的养成都是因为常做一件事而觉得理所当然，所以说不管是哪种坏习惯都不要任由它发展；一旦它成为生活的一部分，就可能改变人的生活。每个爱孩子的家长都不应该放任孩子的毛病，否则小毛病养

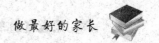

成习惯，就可能变成大毛病而影响他的一生。家长应该警惕这种现象的发生，因为培养孩子的"温室"极有可能成为"瘟室"。

管教孩子不能由着自己的情绪

有一天，邻居李芳来找王萍，说王萍家儿子小亮把他们家女儿莉莉打哭了，正说着，小亮满身泥土地回家了，还气鼓鼓的。

王萍跟李芳说："这俩孩子从小就在一起玩，很少闹别扭，怎么会突然打架呢？你别着急，我先了解一下情况，如果是小亮不对，我待会带着他去你们家道歉。"

李芳摸摸小亮的头，笑眯眯地说道："没关系，我就是过来说一声。我知道我们小亮也有委屈，阿姨不怪你！"

送走李芳，王萍拉着小亮坐了下来，温柔地摸着儿子的头，柔声地说道："儿子，怎么突然会和莉莉打架了呢？"

"哼，谁叫她不把布娃娃给我玩啊，还说我们家没有布娃娃，说我们家比他们家穷，我当然要揍她了。"小亮生气地说道。

王萍一听，知道儿子长大了，也有自尊心了，有小男子气概了。但是觉得儿子出手打人毕竟不对，就正色道："妈妈知道你受委屈了，但是你出手打莉莉就是不对！莉莉跟你是那么好的朋友，就因为她说错了一句话，你就打人家，妈妈对你的行为感到非常失望。"说完，冷着脸，盯着小亮一句话也不说，足足有半分钟。

小亮一看妈妈的脸色，知道妈妈生气了，低着头，等待着妈妈更猛烈的批评。可这时，王萍却一把把小亮抱在怀里，柔声地说道："妈妈知道你受委屈了，莉莉不给你玩具玩，还说我们家穷，你气不过，所以你就打她来解气。但是这是不对的，我们是没有他们家有钱，但是这不妨碍我们过幸福的日子，我们不跟她比有钱，我们跟她比学习，你可是一直比她优秀的。"

小亮一听妈妈这么说，心里平静了许多，也知道自己刚才确实是太激动了，做错了。抱歉地望着妈妈说："我错了，我不应该那么对莉莉，我待会去跟她道个歉！"王萍望着小亮明亮的眼眸，欣慰地笑了。

告诉家长的小哲理

孩子被人告状了，做家长的一般都会很生气，觉得孩子太淘气，不让自己省心。这时，心里的小火苗就会腾腾地升起来，如果孩子在边上，有时会忍不住揍孩子一顿解气。这样由着自己的情绪变化，条件反射式地处理孩子的问题的家长有很多。打骂孩子一顿，你们是解气了，可是孩子的问题解决了吗？不但没有解决，反而给孩子留下错误的印象：凡是遇到解决不了的问题，首先想到的是用武力来解决。长此以往对孩子的影响是无法估量的。所以家长在管教孩子的时候，不能由着自己的情绪变化，要控制好自己的情绪，心平气和地和孩子沟通，弄清事情的来龙去脉，站在孩子的角度和孩子一起分析并解决问题。

要善于发现孩子的优势

小林的儿子三四岁的时候，他的小舅带他到足球场，别人把球踢过来踢过去，他就跟着球从东跑到西，从南跑到北，两三个小时下来，他居然一点也不累！跑、跳方面的运动，他都不用大人们教，跟着大孩子一学就会。所以从五岁上学前班开始，小林就鼓励儿子选择喜欢的运动类兴趣班，如手球、轮滑、游泳、跆拳道等。她的儿子经过比较专业的训练后，教师都夸奖他比别人学得快。

　　但是，与运动能力相比，小林的儿子在阅读写作方面就显得不那么优秀了。小林是学新闻的，简直不能忍受自己的孩子居然在阅读写作方面不如同龄人。尽管很多朋友劝小林"你自己就能教孩子阅读和写作"，但是因为工作太忙，小林还是决定在周末给儿子报一个辅导班。小林很庆幸找到了好的老师给孩子进行阅读写作方面的辅导。第一次课后，老师布置的作业是让孩子给家长朗读八遍《乡愁》。孩子读前四遍时，小林感觉他在试图寻找抑扬顿挫的感觉，但把握不准。从第五遍开始，小林就发现她的儿子整个人渐渐投入到诗词当中，音韵的高低、节奏的快慢，是那么恰到好处。"乡愁"之情已通过他的朗读体现得淋漓尽致，以至于小林都融入其中！听他读完后，小林说："妈妈都被感动了，你呢？"儿子说："我觉得心里不好受。"后来，老师又教孩子如何根据标点符号把握停顿的节奏，还带她的儿子到紫竹院观察竹子后再练习写作。每次写作后，老师都非常认真地告诉孩子哪里写得好，如果那么写的话就更好。老师对小林说："你应该像培养孩子在运动方面的自信那样，培养他在阅读写作方面的自信，让他一点一滴地掌握其中的方法，找到其中的乐趣！"

　　小林细想"我自己喜欢运动，但并不专业，所以我在运动方面没给孩子提过高的要求，只要他喜欢就鼓励他多学，逐渐他自己就产生了很强的自我意识"。她的儿子在运动方面很有天赋，学什么都不难，再加上坚持不断的专业训练，在运动方面就越来越出色。在阅读写作方面，因为小林自己很专业，所以就不能容忍她的孩子的文章言之无物，或颠三倒四，这样反而让孩子产生了畏难情绪。他不爱写，或等着妈妈教他怎么写，小林不教他，他就不知道该写什么。现在，在老师的悉心引导下，他已逐渐找到了阅读写作的乐趣，也掌握了一定的方法，文章写得越来越棒了！

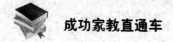

告诉家长的小哲理

人的潜力是无穷的。对于商人来说，谁先发现市场需求，谁就抢占了商机。可对于家长来说，发现了孩子的潜能与优势，就等于发现了孩子美好的未来。许多伟大的发明，也都是从一点点微不足道的小事开始的。牛顿看到苹果从树上掉下来，经过潜心研究，发现了地球引力；美国科学家贝尔看到相距遥远的两地传递消息不方便，通过多次实践，发明了电话；瓦特根据烧水时蒸汽能把壶盖顶起的原理发明了蒸汽机……家长练就一双善于发现的慧眼是相当有必要的，发现了优点，就能激发孩子再接再厉。孩子身上存在着无穷无尽的潜力，就好像一座亟待开采的金矿，家长要及时发现和挖掘并将其提炼成闪闪发光的金子。

消除孩子敏感多疑情绪

小燕是个文静而敏感的女孩，上幼儿园那会，她就特别害羞。上学第一天，爸爸把她送到学校，优哉游哉地往家走，刚走到家，发现小燕居然在客厅里静静地坐着！爸爸很吃惊：这孩子怎么刚到学校就跑回家了呢？于是，蹲下来，逗自己可爱的小女儿说："我们家的小燕子，怎么一到学校就飞回家了呀？"

"学校里不好玩，有个男生还欺负我，所以我就趁老师不注意跑回来了！"小燕抱着爸爸委屈地说。

现在小燕上五年级了，敏感的性格不但没有改变，而且还有些变本加厉。上学期期末考试结束后，同学们都在对答案，惟独小燕站在一旁冷冷看着，她最好的朋友小敏跑过来问："燕子，你估计这次数学能考多少分啊？"

小燕看着小敏唧唧喳喳的样子，一脸的不高兴，不冷不热地回一句："该多少就多少呗，我们说了又不算！"小敏对小燕这种不冷不热的态度很生气，从那

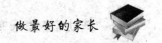

以后，就很少跟小燕讲话了。

还有一次在学校，小燕发现爸爸送给自己当生日礼物的钢笔不见了，很生气，马上跑到老师那去告状。班主任郑老师见是小燕，热情地招呼她，她也不理会，站到老师身边委屈地说："老师，我钢笔不见了，肯定是林子雨拿的！"

郑老师问："为什么你断定就是林子雨拿的呢？"

"因为他上次看到我的钢笔，想借去用，我没有借给他，他就把我的钢笔偷了！"小燕还理直气壮地说。

听到了"偷"，郑老师立马沉下脸来，严肃地说："小燕，我提醒你，没有真凭实据可不许诬赖别人，"

他们正聊着，小燕的奶奶来到办公室，焦急地说："燕子，这是你的钢笔吧？我替你收拾床铺的时候，发现钢笔压在枕头底下，怕你着急用，就给你送来了！"

奶奶一说，小燕立刻想起昨晚因为在床上写日记，把钢笔忘在枕头底下了。看到自己的钢笔，再看看郑老师一脸严肃的样子，小燕惭愧地低下了头。

郑老师很清楚小燕为什么会这样，主要是因为小燕从小就失去了母爱。小燕五岁那年，爸爸妈妈离婚了，妈妈去了深圳，再也没有回来过。从小就失去妈妈的小燕，性格非常敏感，尽管爸爸对她百般爱护，至今未娶，但是随着年龄的增长，小燕总觉得爸爸一定会给自己找个后妈，会把自己抛弃，所以就把自己封闭起来，不许别人接近自己。

告诉家长的小哲理

生活中，孩子敏感多疑的原因有很多种，分析起来主要有这样 4 种情况：一是家长平时关爱少；二是遭遇过家庭变故或者重大打击；三是由于受到同伴攻击，而产生心理阴影；四是爸爸妈妈时时处处关心孩子，让孩子为人处世处处设防，不给孩子独立与人相处的机会，导致孩子无法恰当地与人沟通，不懂得人际

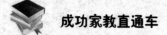

交往，产生敏感多疑现象。总之，不管什么原因，家长要想解除孩子的敏感和多疑，必须用爱来溶解。

心平气和地跟孩子讲话

对孩子而言，最需要的是父母爱的鞭策、爱的耐心。

这是一个令人深思的故事：在武汉的一个游乐场中，一群学生玩得很开心。几小时后，其中一个一直吃薯条、喝矿泉水的学生突然栽倒在草地上。

这个女中学生就是小杨，她当天居然服用了大量的安眠药，经过紧急抢救，第二天早晨才脱离危险。精神恍惚的小杨，口中一直哭喊着："妈妈，给我点耐心吧，给我点鼓励吧！"

花季少女为何要自杀呢？

原来，小杨平时最怕见到的就是班主任老师，因为老师经常以异样的眼光盯着她。偶然一次考得成绩好，老师就怀疑她抄袭别人的答案，并且告诉她母亲。对此，妈妈从不听她的解释，总是一味地数落女儿的不是，动不动就加以责骂。在小杨的记忆中，生活没有快乐，没有关爱，惟有茫茫的题海，致使她一看到题就头昏脑胀。

假如父母不怪罪、不抱怨小杨在学习上遇到的困难，不总拿着试题逼着她做，而是换一种方式，耐心地启发、开导她："孩子，别着急，慢慢来，我们相信你是一个聪明的孩子，一次考不好没有什么大不了的，谁不会遇到点困难呢？"相信小杨就不会在精神上产生障碍，而是另一种结果了。

爱孩子，教育孩子需要有耐心。家长如果能通过细微的行为相信孩子，用情感传递自己的期望，就能激发孩子的学习兴趣。

陶铸同志是我国伟大的无产阶级革命家，而且还是一位非常成功的父亲。他

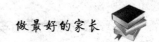

虽然对独生女陶斯亮要求严格，却从不责备，而是耐心地启发、说服女儿。

起初，陶斯亮学的是医学专业，但她朝三暮四，学习放松，几次嚷着让爸爸帮她改专业，但是，没有得到允许。为此，斯亮竟然哭闹起来，即使这样爸爸也没有理她。爸爸本想严肃地批评她，但是想到这种效果肯定不理想，于是就决定和女儿好好谈一谈，了解女儿的真实想法，帮助孩子从思想上解除障碍。

当陶铸问女儿对医学专业有什么想法时，斯亮就开始天南海北地闲聊，而不谈正题。但是，陶铸并不着急，而是耐心地将女儿的想法"引"出来，然后再层层递进地帮她分析。同时，陶铸告诉女儿："做任何事情都不能三心二意，没有恒心、缺乏毅力、怕吃苦，肯定一事无成。"

听完父亲耐心的教诲，陶斯亮渐渐热爱上自己的专业，终于成为很有成就的医学工作者。

告诉家长的小哲理

　　家长对孩子的爱要有耐心。无论孩子犯什么错误，遇到什么问题，家长都应该忍住火气，心平气和地跟孩子讲话。耐心并不是消极等待，而是引导孩子说出自己的想法，而后对孩子进行启发，消除孩子的思想障碍。其实，只要孩子深切地感受到家长的关爱与厚望，就会在内心深处产生奋发向上的强大动力。

改掉孩子的缺点要讲究方式

小赵是位母亲，每当说起自己 10 岁儿子的时候，甚至会失声哭泣。小赵最怕接到儿子班主任老师的电话了，因为她上小学三年级的儿子在班里是出了名的调皮捣蛋，不是昨天上课讲话被罚站，就是今天作业做不好挨批评。更让小赵头疼害怕的是，儿子居然还几次悄悄拿了同学的东西甚至是钱，这在小赵看来，儿子的行为就是偷窃，简直是天都要塌下来了。小赵接儿子放学，两人之间最频繁出现的是这样的对话："今天，老师说你又犯错误了，你说是不是……""我没有！"儿子总是本能地否认，然后，母子两个都没了好心情。每当接到老师的告状，小赵就气急败坏地回家教训儿子，越说越来气，想到一次次骂了不见效，有时候急起来就打，打完了觉得自己很失败，又恨儿子不争气，小赵就和儿子一起哭。小赵苦恼地说："为了让儿子改好，我软的硬的什么办法都试过了，可是，都没有效果。我对孩子原来的期望很高，可是现在……看看别人家的孩子都这么优秀，我都快要绝望了。"

据了解，小赵是一位乡镇干部，管着单位里大大小小十几号人，还要三天两头协调处理群众之间的大小纠纷。小赵很注重自己的形象，在单位里对自己要求很高，做工作总力求尽善尽美，对待别人热情周到，有烦恼和委屈尽量不表露在脸上，因此，小赵时常觉得工作累，压力大。有时候会把工作中的烦恼情绪带回家。回家后，看见儿子写字潦草，或在学校又犯了错误，就更烦躁，忍不住就冲儿子发火。和儿子的谈话好像都是批评他，没有肯定过他。小赵也承认她对儿子很少有亲切或鼓励的举动。

告诉家长的小哲理

其实，做家长的都希望自己的孩子优秀，但是在管教孩子的时候，所采用的方法就很重要了。家长管教孩子的方法会影响孩子的一生。不当的责骂，会在不知不觉中伤害孩子，家长应该学会自我控制，不能将怒气全都发泄在孩子身上。每个孩子都或多或少地存在着一些缺点和不足，家长要正确对待孩子身上存在的缺点，循序渐进地帮助他做出改正。家长应该有一颗宽容之心，善待孩子的不足，想方设法帮助他改正。不要总是揪住他的缺点不放，孩子都是有逆反心理的，这样就会导致他的弱点会逐渐强化，从而对家长的教育产生逆反心理。家长

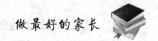

应放大孩子的优点，以赞扬的方式帮助孩子改正缺点，进而端正自己的人生态度。

应该注意对孩子的各种忌语

冷锋原本是活泼好动的孩子，可是，自从上幼儿园之后，他就变得内向，不爱和老师、小朋友们说话。妈妈因为工作原因，将他转到其他幼儿园学习。刚到一个新地方，冷锋常常一个人坐在角落里，既不说话，也不与小朋友做游戏。

这引起了园长李老师的注意，李老师每次和冷锋说话，他总是睁大眼睛往后躲；每次引导他与小朋友做游戏，他也总是怀疑地躲避着。为了更好地了解冷锋的情况，李老师拜访了他的家长，他的妈妈讲述道："孩子在刚上幼儿园时，曾受过一次伤害。有一次，园内组织拍球比赛，因为冷锋的失误，老师批评了他，结果他回家就病了，而且总是反复说一句话，'就你傻、就你笨。'从此之后，孩子就像变了一个人似的，见到什么都怕，尤其不敢见陌生人，就像老鼠见到猫似的，大气都不敢喘。"

有时候，长辈不经意间说出批评的话，就会给孩子幼小而脆弱的心灵造成难以弥补的伤害。看着冷锋怯生生地蜷缩在班级的角落里，李老师暗自发誓：一定要给冷锋的心加一些慈爱和温暖，使他走出心中的阴影，与其他小朋友一样，过着幸福快乐的童年。

从此，李老师特别注意观察冷锋，她发现冷锋害怕参加竞争性活动，害怕大的声音，于是，李老师每次和冷锋说话都蹲下身来，改用非常轻柔的声音。有一次，园内的小朋友在玩拍球游戏，冷妈妈告诉过李老师，冷锋特别会拍球，但是从来不在外人面前展示。为了让冷锋融入集体，感受到大家的温暖，李老师就请他做示范给小朋友们看。起初，冷锋特别紧张，他用祈求的眼神告诉老师：我不想去拍球，但是，换来的却是老师鼓励的眼神。此时，冷锋终于笑了，而且这一次他拍得很投入、很认真。于是，李老师连忙表扬他："你们看，冷锋多聪明呀，能拍这么多下。"

忽然间，冷锋说："老师，我可以问您一个问题吗？""当然可以。"老师抚摸着他的头说道。

"老师，我聪明吗，不再是傻孩子了，对吗？"

"冷锋，你很聪明，你不是傻孩子。"

那一刻，李老师的心异常难过，一个幼小的孩子因为背负一个"傻"的包袱，在很长一段时间里不敢参加集体活动，变得胆小，遇事只会退缩。于是，李老师拉起冷锋的小手，认真地告诉他："从前的老师说错了，你实际上是个聪明的孩子，知道了吗？"

这一天，冷锋第一次开心地笑了，回到家之后又和妈妈说了很多话，他说："我不再是傻孩子，现在幼儿园的李老师很喜欢我。"那天之后，冷锋变成了一个活泼爱笑的孩子。

告诉家长的小哲理

社会上有各种各样的"服务忌语"，在教育孩子上也不例外，尤其是家长应该注意各种忌语，避免说出伤害孩子的话。通过对百余名家长的走访调查，得出的"教子忌语"依次为："蠢、笨"，这两个字眼是使用频率最高的。

"你怎么这么蠢呢，看看人家。""你怎么这么笨呢？"类似这样的话经常被许多家长挂在嘴边，并以此来教育孩子。家长经常拿孩子的缺点与别人的优点相比，这也是家长惯用的"教育"方式。

不做打骂孩子的家长

在美国的一些家庭中，对孩子的教育是软硬兼施的，家长会让孩子自由发展，但是又不放任自流。家长会对孩子的点滴进步和成绩给予鼓励，以此让孩子感受到父母对他们的关爱。

斯诺的父母对斯诺管理得很严格，像能不能吃巧克力，什么时间打游戏等，都要经过父母的同意。那天斯诺过生日，吃完一块蛋糕后，他还想再吃一块儿，于是就向妈妈提出请求。开始时妈妈说不行，斯诺委屈地向妈妈说道："今天是我的生日啊，就让我再吃一块儿吧！"妈妈在问过了爸爸之后，答应了斯诺。斯诺的兄弟姐妹们就只得眼巴巴地看着斯诺吃。

还有一次，妈妈带着斯诺去超市，结账时，斯诺喜欢上了一款玩具汽车，他哭闹着让妈妈买下这款汽车。开始时，妈妈很耐心地哄斯诺，当发现无果后，妈妈便严厉地看着斯诺，并命令他看着自己的眼睛，然后回答说："不可以！"斯诺在读懂了妈妈的眼神之后，只能乖乖地把玩具又放了回去。其实妈妈的眼神并不是让斯诺最害怕的，真正让他感到害怕的是被关禁闭，因为每次他犯了错，妈妈总是把他关起来。不能看电视、打游戏、出去玩，除了吃饭外，只能待在自己的房间里。

其实斯诺的妈妈并非总是对他这么严厉的，上周斯诺参加棒球比赛那天，妈妈为了给他助威、加油，就自愿留在比赛场上，而没有和爸爸及其他兄弟姐妹一起去参加郊游。当他们的球队打输后，她还安慰他"没关系，尽力就行了"，并说："你是我的骄傲！"

告诉家长的小哲理

中国人喜欢用"棍棒之下出孝子"之类的话来形容家庭教育。传统的儒家思想认为，家长打骂儿女是再正常不过的事情了，儿女决不能有半点反抗。而今，随着大环境的改变，整个教育环境也发生了变化，如果现在还有家长总是打孩子，那么估计会有人去告这个家长虐待儿童。

事实证明，就算是整个教育环境不改变，粗暴的教育方式也未必能奏效。

明智的家长不用金钱奖励孩子

小鹏的妈妈教育小鹏有自己的一套方法，她的"金钱奖励"和给孩子"开工资"的方法使儿子学会了赚外快、做家务，并且具有了极强的自理能力。

在小鹏的记账单上清楚地写着：洗碗，3毛；拖地，5块；作业整洁，1块……这些都是平时妈妈给他的奖励。由于小鹏爸的工作很忙，所以在孩子出生后，小鹏妈便做起了全职妈妈。小鹏很小时就开始接受妈妈的"金钱奖励"和"开工资"的教育方式。只要家务活做得好，就给发"工资"；只要作业写得整洁就给"奖金"。在小鹏妈看来，这不仅培养了孩子的独立能力，也培养了孩子最初的理财观念。这个暑假，小鹏竟然做起了小报童，每天至少能卖出20份报纸。随着小鹏年龄的增长，"工资"也涨了，奖励的范围更广了。如果作业做得好或是在班上被表扬，小鹏妈妈就会给他奖励，所以每天放学小鹏都会急着回家向妈妈报告当天的情况，急着给妈妈看昨天家庭作业的分数。

当问到小鹏挣来的"工资"如何支配时，刚刚在外面卖报纸回家的小鹏禁不住说："挣钱好辛苦的，不容易！"可每到数钱的时候，他就一副颇有成就的样子。当问到小鹏是否喜欢妈妈用钱奖励劳动的方式时，小鹏高兴地说："当然喜欢！因为可以买好吃的。"每次领完"工资"后，小鹏的第一件事就是到商店去买零食。小鹏妈说："大部分'工资'都是由小鹏自由支配的，不过买零食是我非常反对的。"开始时小鹏还会气呼呼地将零花钱甩到桌上，后来，在妈妈的劝说下，他才改正。其实小鹏的"工资"除了用来买零食外，还会帮助班上的同学。有位同学的妈妈很早就去世了，爸爸身体又不好，当学校号召要帮助这位同学时，小鹏是最积极的一个。他总会在开学的时候，用自己赚来的钱给这位同学买些新文具和新衣服。

告诉家长的小哲理

作为家长最好不要用金钱来奖励孩子；如果经常用钱来奖励孩子，那么很可能会让孩子产生金钱万能的思想，并且会对金钱产生盲目的崇拜，这是弊大于利的；所以家长经常用金钱奖励孩子的做法，其实最终只能带来危害。

在孩子成长的过程中，家长的鼓励和认同是必不可少的；但要注意奖励一定要是纯洁的，是有利于精神、有益于心灵，而不要沾满铜臭味的。

家长奖励孩子的原则是：要精神与物质并重，并且精神奖励要重于物质奖励，不然会让孩子产生"为钱而做"、"为父母而做"的心态。

第六章 做好家长，把爱转化为"陪伴"

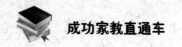 名人名言

作为一个现代的父母，我很清楚重要的不是你给了孩子们多少物质的东西，而是你倾注在他们身上的关心和爱。关心的态度不仅能帮你省下一笔可观的钱，而且能使你感到一份欣慰，因为你花钱不多并且给予了胜过礼物的关怀。

——诺埃尔

让孩子在被"陪伴"中明白家长的爱

方兰是一个 10 岁孩子的母亲，每天尽职尽责地照顾孩子。早上，在孩子没起床的时候她就早早起来准备早点了；中午也不忘给孩子打个电话问问情况；下午还没放学，就在校门外面等着孩子出来。每一天她都过得紧张而充实。

也不知道什么时候，孩子在学校学会了攀比。在孩子的眼中，自己没有一个富有的家庭。于是开始自卑，对妈妈也不那么亲近了，有的时候动不动还发脾气。这让方兰很难过，自己一心一意地为孩子好，孩子还要这样对待自己，心里

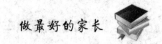

真的是说不出的滋味儿。

有一次儿子发脾气说："你看看别人的家长，你再看看你，人家接孩子都开着车来，你呢？人家有漂亮的铅笔盒，漂亮的书皮，我有什么？你们怎么就那么没本事，害得我在同学面前抬不起头来。"听了孩子的话，方兰就像理亏了一样，她对孩子说："孩子，也许你是没有漂亮的铅笔盒，妈妈也没有豪华轿车来接你回家，但是妈妈是心疼你的。从你很小的时候开始，妈妈就那么认真地照顾你，这一点妈妈真的是问心无愧的。不管是你的起居还是你的学习用具，都是从妈妈的工资里省出来的，我舍不得吃舍不得穿，把一切都放在你的身上，你怎么能看不起妈妈呢？"听了方兰的话，孩子的脸唰地一下红了，从此以后，孩子再没有说过这样的话。

在母亲节的那一天，孩子给妈妈写了一张贺卡，上面写着这样一段话："妈妈，您的爱是伟大的，尽管我们是平凡的，不管别人怎么看待我，我都是您最爱的小宝贝，不管别人怎么评论您，您都是我最好最贴心的妈妈！"

看了孩子的贺卡，妈妈欣慰地笑了，这是她最珍贵的礼物，也是她备感幸福的珍藏。这是一份平凡的爱，一个特殊的母亲节。

告诉家长的小哲理

家长的爱是直白的，家长的爱是温馨的，家长的爱是无私的，家长的爱是平凡的。所有的家长都是伟大而执著的。为了孩子愿意献上自己的一切，甚至自己的生命。所以把自己的爱大胆地说出来，让孩子明白妈妈的爱，明白家长的热忱，明白家长的渴望。

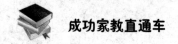
呵护孩子的快乐

列夫·托尔斯泰是 19 世纪俄国最伟大的作家。父亲对于托尔斯泰的教育十分关注。在繁忙的工作之余，他十分关心孩子的快乐。

托尔斯泰的父亲忙于生计，时间是非常紧张和宝贵的。但是，他从来没忘记尽可能多地奉献给孩子时间。在托尔斯泰的眼中，父亲是那么慈爱和蔼，有时候吃完饭后，父亲坐在壁炉前，一边抽着烟，一边给他讲故事，父亲不用照着书来读，他的脑子里好像装满了故事。他用低沉的嗓音把他带到一个遥远神奇的世界，那里的人物总是新鲜又有趣，情节离奇又吸引人。有时候，父亲给他讲许多大自然中的有趣故事；有时候，又给他讲发生在他们身边的穷人们的悲惨故事。不管是哪一种故事，托尔斯泰总是会依偎在父亲身边，睁大眼睛凝神听着，常常听了还想听，缠着父亲再多讲一个。

天气好的时候，托尔斯泰的父亲不仅给他讲故事，还会兴致勃勃地带上他去野外，或者在自家花园里教他画画。托尔斯泰兴高采烈地跟着父亲玩耍，在他心目中，没有什么是父亲不知道的。他的小脑瓜中装满了问题，总是拉着父亲的手问这问那。父亲呢，尽管时间不多，工作也经常不顺心，但是，他从没有对儿子千奇百怪的问题表示不耐烦，总是尽力去给他回答，带给他最大的满足和快乐。

后来，父亲不再只是给托尔斯泰讲故事。托尔斯泰大一些的时候，开始认字了，父亲就引导他读书，并不是强行地给孩子灌输什么知识，而是根据他的爱好和兴趣为他选择合适的书籍。

就这样，托尔斯泰在父亲的教育和引导下，慢慢走上了文学的道路。

托尔斯泰的父亲牺牲一些工作和个人的时间，却换来孩子记忆丰富的童年，健康快乐的成长。这大概是最简单有效的教育，谁说这是一种牺牲呢？正是在父亲的苦心教育下，托尔斯泰才度过了一个快乐的童年，获得了最好的文学启蒙，为将来的成就奠定了基础。所以说，即使是优越的生活和体贴入微的关心，也比不上给孩子一个快乐的童年。

告诉家长的小哲理

每个孩子都是一条快乐的毛毛虫，他们天真、活泼、善良、无拘无束。孩子属于快乐，生活在快乐中的孩子才是健康的孩子。快乐可以点燃孩子生活的热情；快乐可以树立孩子为人的自信；快乐可以塑造孩子开朗的性格。呵护孩子的快乐，是家长必须承担的责任。

加强与孩子情感上的交流

父母和孩子应该是最好的朋友，可是为什么现在的孩子和父母在一起一句话也没有，彼此好像是越来越陌生，有时甚至是"敌人"。这时候家长需要好好想一想，怎样才能和孩子拥有和谐的亲子关系，因为只有把这一点做好，孩子才能得到真正意义上的健康成长。

亲子关系是孩子降临世间的第一个人际关系。它对孩子的身心健康发展十分重要。家长同孩子建立良好的亲子关系，也是家庭教育取得良好效果的前提和基础。然而在现代家庭中，孩子与父母的心理距离却越来越远，这不仅困扰着孩子，同样也困扰着父母。

没有哪个父母是不喜欢自己孩子的，但家长是否能真正信任孩子却成了一个未知数。因为许多孩子的行为令大人不解甚至反感，还怎么谈得上信任呢？譬如，当孩子考试考砸了，你会相信孩子的陈述吗？你难道不会怀疑他贪玩不用功，或者怀疑孩子智力有缺陷？反正，每逢考试过后，常常听到大人训斥孩子：

"你这是怎么学的？连这么容易的题都不会，简直是猪脑子！"有的家长居然真的带孩子去测智商，送孩子去做感觉综合训练，花费上千元也在所不惜。一位参与过检测的心理学教授感叹："这个孩子没毛病，是家长有病！"

想要和孩子拥有和谐的亲子关系，就要学会尊重孩子，允许孩子有自己的观点和想法，允许孩子自由表达意见和提出问题，而且允许孩子讨论，只有这样，孩子才能勇于质疑，才敢大胆提出自己的观点，形成自己的想法，长大后才能成为有思想有主见的孩子。相反，如果父母不给孩子质疑的机会，就会压制孩子的好奇心和个性发展。

在中国近代史上，出了三位特殊的女性——宋霭龄、宋庆龄、宋美龄。老大宋霭龄嫁给了孔祥熙，孔祥熙是国民党政府的财政部长；老二宋庆龄则嫁给了孙中山，被人尊称为"国母"；老三宋美龄是蒋介石的夫人。宋家姊妹三人一生的成功与父亲宋嘉树的教育有着直接的关系。

在对待子女的教育上，宋嘉树坚持三个最基本的原则：一是"不计毁誉，务必占先"；二是男女都一样；三是和孩子们交朋友。

在假日里，宋家孩子们在院子里尽情玩耍，有时还爬过院墙到别人家的田地里嬉戏，有时到田野里奔跑，到野外采集花草，捕捉虫鸟，无拘无束地欢娱嬉戏。

有一次，姐妹几个玩"拉黄包车"的游戏，而且玩得颇为投入，大姐宋霭龄扮作黄包车夫，二姐宋庆龄扮成乘客，弟弟妹妹们跟在身后又蹦又跳，玩得甚是开心。不料由于"车夫"拉车用力过猛，黄包车失去控制，把"乘客"抛了出去。

"车夫"知道闯大祸了，愣在那里不知如何是好。最难受的是"乘客"，又疼又委屈，满脸的不高兴。后来这件事被父亲知道了，他慈爱地对大女儿宋霭龄说："做游戏一定要掌握分寸，拉'黄包车'可不能光凭力气呀！如果伤了乘客，那以后还怎么拉生意呢?"宋霭龄不好意思地笑了。这时候宋嘉树又把二女儿宋庆龄喊过来笑着说："我们的这位小乘客，宽宏大量，又勇敢坚强，真是个了不起的小英雄!"宋庆龄受到父亲的夸赞和鼓励，也很快"雨过天晴"了。宋嘉树夫妇在教育子女时表现出的"敢为天下先"的精神，也常常受到当今做父母的称道。

告诉家长的小哲理

要培养良好的亲子关系，不是单凭家长在言语上表达"如何爱孩子"、"孩子在妈妈的心目中如何重要"等便足够了，家长必须懂得利用适当的时机，与孩子作情感上的交流。家长无论工作多忙都应想办法每天抽出一点时间，就算10分钟也好，与孩子独处。畅谈彼此的感受或见闻，借以增进彼此的了解，只要是彼此间有共同的兴趣和话题，孩子和家长之间的关系就会越来越融洽。

让孩子感受到家长的关爱

"严"字当头，可谓是现在家庭教育中的常规，可是志新的爸爸妈妈却在教子方面与众不同，从不见他们板起脸大声训斥志新。在这个家庭中，常展现的是一家人像朋友般的交流，互相尊重，互相关心。

志新的爸爸妈妈都是医生，他们尊重孩子的意见，家里有个大事小情都让志新有平等的参与权，这使得志新从小就自信而有主见。在上小学时，其他同学的父母为孩子报了奥数班、钢琴班等种类繁多的辅导班和特长班，而志新只报了个足球班，因为他喜欢踢足球。爸爸妈妈和他订了一个不成文的协议：学习放在首位，其余时间由志新自己支配。这种宽松的教子方式，让志新既自觉地完成学习任务，每天又过得充实而愉快。

在志新眼里，爸爸妈妈就是最体贴、最善解人意的朋友。全家人每天在晚餐后都会有十多分钟的交流时间，他们谈论的话题也多是轻松和令人愉快的内容。志新会讲一些在学校里发生的有趣的、感动的、令人生气的事，谈自己对某事的看法与体会，爸爸妈妈也会阐述他们的一些想法，分析一些事情的利弊，但他们从不对孩子指手画脚或妄下否定的评论。此外，志新和爸爸还有一个共同的爱好——看足球比赛，每当有重大的足球赛事，父子俩必然坐在一起，一边评说，一边饶有兴致地收看。

在这样和谐的家庭氛围中，志新自信、快乐地学习、成长着，他在功课和足球方面都是班级的佼佼者。

告诉家长的小哲理

建立融洽的亲子关系并且保持这种密切关系，这是家长对孩子实施教育的基础。家长要在日常生活中，注意对孩子亲情观的培养，从相处中的点滴小事入手，让孩子感受到家长的关心与关爱。

不过高地要求孩子

美美是13岁的小女孩儿，小时候妈妈把她送进了重点小学，凭借天生的聪明才智，美美每次考试成绩都能高居榜首。后来美美考上了师大二附中的尖子班。由于这里的高手云集，美美的心理压力越来越大，考试成绩也不像小学时那么好了，美美开始尝试到了失败的痛苦。这时候，她很希望得到父母的鼓励安慰。

一次考试后，美美神情沮丧地回到了家。一到家，妈妈洋溢着满脸的希望，焦虑地追问起来："考得怎么样呀？"看到妈妈的神情，美美深深知道妈妈希望

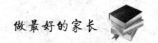

得到的是自己充满自豪的回答，但她却给不了了。这个时候美美心中深深地自责起来，她告诉妈妈这次考得不好。妈妈原来阳光灿烂的脸一下子堆满了乌云，只低低地应了一声："考得不好，下次再努力吧。"接着便回厨房做饭去了。

看到妈妈的举动，美美忽然感到万分的委屈和难过。妈妈嘴上虽然没有责怪自己，但美美知道妈妈心里对她是极不满意的。于是，美美便发誓，下次一定要考好。这样才能对得起妈妈。

很快又一次考试来到了，这对美美来说，就好像世界末日降临一般。妈妈不断地对美美说："你要考不好，同学就会看不起你，老师也会看不起你，你周围的一切人都会看不起你。"就这样，美美的压力更大了，对考试产生了恐惧感。眼中看到的只是考分，她的一切都是为了考分，她觉得自己只是为了考分而活着。

然而，美美考试的成绩却一再地不理想，美美逐渐失去了对自己的信心，她开始怀疑，妈妈爱的是美美还是美美的考分、美美的荣誉？她真的希望妈妈能设身处地地为自己想想，别老盯着分数没完没了。

告诉家长的小哲理

千万不要对孩子期望过高，以一颗平常心待之。你可以告诉孩子：做好你自己，一定要做一个优秀的自己！也要告诉自己：世界上有神童也有天才，但凤毛麟角微乎其微，为什么偏偏要降生在我们家呢？我们的孩子只是一个普普通通、平平常常的孩子，和别人家的孩子没有什么区别。他有缺点也有优点，有长处也有短处，有不如别人的地方也有比别人强的地方，以一颗平常心待孩子、爱孩子，让孩子心平气和、轻轻松松地享受家长的爱，让他健康快乐地成长就足够了。

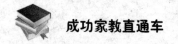

给孩子全部的爱

凯瑟琳·杰克逊是世界级超级摇滚歌星迈克尔·杰克逊的母亲，她是一位和善的母亲，对孩子倾注了无限的爱。

迈克尔小的时候，母亲常常唱着歌哄孩子。迈克尔从母亲那里，得到了音乐的启迪。

稍大一点儿，母亲就教他单簧管和钢琴。母亲具有很高的音乐才能，但由于童年时患小儿麻痹后遗症而成了跛子，所以她不能在别人面前表演她喜爱的音乐。

母亲很乐观，她认为小儿麻痹症对她来说不是个灾祸，而是上帝赐予她要她获胜的一次考验。

她对迈克尔说："你的演唱和舞蹈天资就像美丽的落日或风暴后留给孩子们玩耍的白雪一样，全是上帝所赐。"

后来，迈克尔登台了。美国人从实况转播中首次看到了披头士乐队，演出很成功，得到了很高的评价。

迈克尔一家人口多，住所拥挤狭窄，有时排练时一些妒忌的孩子就从窗口抛石头袭击他们，但他们也将这些当作是上帝的一种考验。他们依然围着母亲学弹学唱。迈克尔说："那样温馨的岁月远远超过了金钱、观众的喝彩及奖赏。"

凯瑟琳是一位聪明的母亲，如果她发现孩子们当中有人对某件事感兴趣，她就鼓励这种兴趣。比如，迈克尔对一个电影明星产生了兴趣，凯瑟琳马上就给他买了一包有关该明星的书。

凯瑟琳有 9 个孩子，但她对待每个孩子都像对待独生子女一样疼爱。作为母亲，她是一个辛勤的操持者和出色的教育者。每个孩子都认为他们的母亲是世界

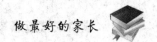

上最伟大的母亲，他们就是在这种母爱的包围中成长起来的。

凯瑟琳对孩子们的要求有三条：

第一，和善、友爱，体贴别人；

第二，决不乞求；

第三，决不占别人的便宜。

与之相反的做法，在凯瑟琳便认为是罪过。她总是要孩子们给予，从不要孩子们索取。她一贯主张，愉快地给别人，而从别人那儿少获取。

有这样一个故事：在迈克尔小时候，一天清早，有个人在挨家敲门，他受了伤、血流得很厉害。他在附近敲了很多家的门，但没有人愿意为他开。最后他敲了迈克尔家的门，凯瑟琳立即让他进屋，并为他包扎好伤口。当时多数人不敢那样做，可是她却做了，这在孩子们心中留下了深刻的印象。

对于孩子来说，凯瑟琳是一位优秀的母亲，自从孩子们开始制作自己的音乐后，在他们乐队的每个唱片、专集上，都题有"献给我们的母亲凯瑟琳"的字样。

凯瑟琳以她博大高尚的爱心培育出了超级摇滚歌星。

告诉家长的小哲理

只要家长以全心的爱去培养孩子，孩子就一定能够有所作为。很多名人之所以能够成功，很大程度上取决于家人的支持和关心。莫里阿说："母子之间的感情，是一种既纯洁又美丽的感情。因为两者之间没有任何杂念，在孩子们的心目中，母亲就是幸运女神，她是全能的安全保障者。"

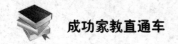

用你的拥抱温暖孩子

王晓今年 11 岁了，学习成绩不错，性格却很内向，不爱说话，当小朋友们一起游戏的时候，王晓总是远远地坐在一旁，默默地看着大家。

其实，谁不愿意和小朋友一起游戏呢？但是王晓却总是胆怯，不知道怎么上前与小朋友们沟通，也不知道别人会怎么看自己。这一切妈妈看在眼里，急在心上。

有一天王晓满是心事地回家，把书包放下，就扎进被子里哭了起来，妈妈急忙问出了什么事情，王晓一脸委屈地问妈妈："妈妈，我为什么没有好朋友？"

"不是你没有，而是你不敢去接近他们，只要你愿意就完全可以成为他们中间的一个。"妈妈肯定地说。

"可是，我害怕，害怕他们拒绝我，欺负我。"

"不会的，我们家王晓这么可爱，怎么会被人家欺负呢？"说着，妈妈把王晓抱在怀里，轻轻地抚摸着他。慢慢地王晓的情绪好了很多。

"走，王晓，拿出你的勇气，和小伙伴们一起去玩耍，妈妈就在不远处看着你，你看好吗？"听了妈妈的话，孩子点了点头。他生平第一次主动与外面的小伙伴说话，并顺利地成为他们队伍里的一员，王晓的性格逐渐开朗起来，也愿意主动和别人交流了。每当自己遇到困难的时候，他都会想起妈妈的那个充满温馨的拥抱。告诉自己不要害怕，因为在他的心目中，妈妈永远都在不远处看着他，永远都和自己在一起。

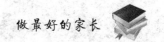

告诉家长的小哲理

拥抱代表着家长对孩子的爱，拥抱代表着家长对孩子的关怀，拥抱让孩子备感幸福。有时间多抱抱自己的孩子，不管他是幼儿还是已经长大，在家长的心里，孩子永远都是孩子，永远是一份牵挂，一份温暖的思念。

给予孩子的爱要量力而行

"清晨7点20分，一辆垃圾车慢慢向前移动，车上坐着一个穿红衣服的小女孩。骑车的女人正向前弓着背，小心翼翼地踩着车。女孩表情非常恬静，身在垃圾堆中，丝毫没有鄙弃、恶心之感，就这么怡然自得地坐在车上，像一朵红玫瑰。"

据了解，文章中的这位母亲是在2007年年初和丈夫带着两个女儿来到宁海打工的。

目前这位母亲在当地做保洁员，大女儿上小学四年级，小女儿今年8岁。母亲每天凌晨4点起床打扫小区卫生，然后就匆匆地赶回家叫两个女儿起床，照顾她们吃早饭。大女儿从小学二年级到四年级，小女儿从幼儿园到学前班，整整两年时间，夫妻俩都是用垃圾车接送她们上下学。

后来夫妻俩忙不过来，就让大女儿自己坐公交车上学，母亲则每天骑车送小女儿去学校，然后再回来打扫卫生。两个女儿放学后，夫妻俩则各自用垃圾车把她们接回来。虽然他们的工作让人觉得"低贱"，但是他们却一直鼓励女儿好好读书，给予她们精神上的财富和激励。

"我经常对女儿讲，做人要知足，虽然你父母没有能力开车送你们上学，但起码还能让你们有书可读，有些孩子甚至连学都没得上。"这位母亲说，"正是生活在这种环境下，两个女儿都特别懂事，从没有一句怨言。大女儿的学习成绩一直都不错，在班上总是前几名。"有时候，女儿的同学会用异样的眼光看她们。为此，母亲也问过女儿会不会觉得委屈，但是两个女儿都说不会，最重要的就是好好读书。懂事的女儿让母亲感到非常欣慰。

告诉家长的小哲理

现在很多孩子都是独生子女，因此家长把孩子当成宝，给予孩子最优越的条件，生怕孩子受委屈。

渐渐地，孩子养成了势利和虚荣的毛病，而且在无形中丧失了自立能力，不知道感恩和尊重他人。这样的孩子将来无疑是社会的畸形儿，是家庭的负累。尤其女孩较之男孩往往有着更强烈的虚荣心理，如果她一旦产生虚荣心，就很可能会自甘堕落地做出一些伤害自己的事情。所以家长给予孩子最多的应该是精神上而不是物质上的财富，学会知足，知道感恩。

要让孩子勇敢起来

已经 5 岁的小女孩珍珍非常胆小。有一次，妈妈带她去小区旁边的广场玩，旁边突然跑过来一个两岁多的小男孩，他的眼睛直勾勾地盯着珍珍手里的小皮球，非常好奇的样子。珍珍见了，不自觉地把球往身后藏，然后壮着胆喊："不许抢我的小皮球！"

小男孩好像看出珍珍的胆小，冲上来就抢，珍珍吓得号啕大哭。妈妈连忙说："小朋友，你怎么可以抢东西呢？"又对珍珍说，"小弟弟比你还小呢，来，和小弟弟握握手，大家做个好朋友。"

小男孩做个鬼脸，跑了。从那以后，他只要看到珍珍经过，就会跑过来打她一下，或者把珍珍手里的东西抢走。珍珍看到那个小男孩，总会不由自主地躲得远远的。

又有一次，珍珍正在楼下的车库里玩，看到那个小男孩朝这个方向走来，便马上对爸爸说："爸爸，快把车库的门关上，那个小哥哥要打我。"

珍珍竟然将比她小的孩子升级为"哥哥"了。这也正是很多女孩的父母感觉头痛的事，由于女儿的文静、胆小，常常在学校受那些"坏孩子"的欺负，父母又不好插手小孩子之间的事情，但又不知道怎样才能让胆小的女儿学会保护自己。

对于这个问题，珍珍的爸爸给我们做出了榜样：

晚上，爸爸认真地问自己的宝贝女儿："那个小弟弟比你小，怎么会是小哥哥呢？你能告诉爸爸你为什么这样怕他吗？"

"因为他总抢我东西，还老打我。"珍珍有点委屈地说。

"如果你按爸爸说的去做，小弟弟就不敢欺负你了。下次小弟弟再抢你东西，你就大声地对他说'不许欺负我'，然后再把东西抢回来！"

第二天，珍珍跟爸爸出门，远远地看到小男孩走过来，爸爸就对珍珍使了个眼色，躲到一边。

小男孩过来了，看到珍珍手里的玩具熊，就上来抢。珍珍鼓起勇气，大声说："你不许抢我的东西！"然后用力把玩具熊夺回来。小男孩由于没有站稳而摔倒在地上。小男孩没想到珍珍变得这么"强势"，这次他居然坐在地上哭了起来！

告诉家长的小哲理

原来，看起来很强大的小男孩竟然是个"纸老虎"，以后他可能再也不敢惹珍珍了。很多事情都是如此，家长要想让女孩变得勇敢、坚强起来，就要告诉她：躲避不能解决任何问题，用正确的方法去面对那些"侵略者"，你才能永远不受欺负。

要耐心地听听孩子的心里话

王威有个儿子上小学一年级，一次她的同事刘恺去她家玩，她让儿子过来见刘恺，儿子正在和邻居家姐姐玩，根本就不理睬妈妈。妈妈说："儿子就爱用剪刀剪纸箱，上次我刚弄了个新纸箱准备装衣服，就让他给弄碎了，真是个捣蛋鬼！"刘恺到卧室里一看，两个孩子把纸箱剪了几个洞，满地都是小纸片，热得满脸通红，抬头看了刘恺一眼，没有理会，继续"工作"。

这时候妈妈说："乐乐，你没有礼貌，没看见叔叔来了吗？""我知道啊！"儿子很不耐烦地说。这时刘恺说了一句："乐乐，我们一起玩好吗？""好的。"乐乐一边忙一边说。刘恺蹲下来问："这么多洞，这是地道吗？""是的，你看还可以爬进去呢！"乐乐得意地说。"这是你自己的创作吗？""那当然了，礼拜一我要拿到学校去比赛。"边上的姐姐甜甜地说："乐乐可厉害了，这是他自己的创作，我们班的同学都有自己的创作，礼拜一的课间操时间我们都在操场上玩这些游戏，我觉得他的玩具肯定很好玩！"乐乐说："上次我的玩具也很好玩。还得到了个大红花。我们两个星期制作一次。"

刘恺仔细看了看他的"地道"玩具——把装电视的纸箱的其中两个侧面剪开了，在另两个面钻了几个孔（这是观察情况用的），把上下的两个底面用胶带封死了。于是刘恺微笑着说："乐乐，你的创作很好，你的画画得也很好啊，我也觉得你能得到大红花。""叔叔，你进去试试？"乐乐说。于是刘恺按照他说的方向试了试，他们两个看刘恺进去的样子高兴得跳了起来，他们把玩具收拾好后，并且把地也扫得很干净。

经过一番玩耍后，刘恺把王威儿子的创作告诉了王威。王威说，她从来就不

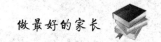

知道儿子还得到了大红花，也不知道他要带到学校去。这时候刘恺劝导王威说："其实耐心地听听孩子的心里话，能了解孩子的想法和做法，这样和孩子的亲子关系才融洽。"

告诉家长的小哲理

人们常说"有付出才会有回报"，那么如果我们想要有更好的结果还要再加上一条，那就是要有耐心。孩子是祖国的未来，也是每个家庭里的宝贝，对待孩子不能过于溺爱，但是也不能过于急躁，要耐心地听听孩子的心里话，才能真正了解孩子。

下篇
好家长用"陪伴"教出好孩子

第一章　生活总要经历风雨

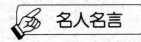名人名言

从长远利益考虑，让孩子从小适度地知道一点忧愁，品尝一点磨难，并非坏事，这对培养孩子的承受力和意志、对孩子的健康成长或许更有好处。

——蓝天

平时吃点苦不算什么

在一个比较富有的德国家庭有 2 个孩子，大的 11 岁，小的 6 岁。一天早上，母亲把这 2 个孩子叫起来之后，让司机将两个孩子送到柏林郊区的生活培训营去上 3 天的生活体验课。

3 天之后，保姆和司机去接孩子。

2 个孩子艾丽和迈克早早地就等在了大门口。车子一到门口，2 个小家伙就迅速地钻进了车子。

只见这 2 个孩子原本粉嘟嘟、圆乎乎的小脸蛋在短短的 3 天内就缩小了

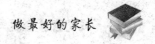

一圈。

保姆给了他们一人一袋饼干。2 个孩子边吃边讲起了他们这 3 天的经历。

"我们一共有 80 个人参加了这次活动。前 2 天每次吃饭之前，每个人必须抽取 1 张就餐券。如果餐券上写着 15，意味着他属于占世界总人口 15% 的富人，可以美美地享受一顿丰盛的大餐；如果餐券上写着 25，他就属于占世界人口 25% 的温饱人群；可以吃到分量还算足够的米饭、少量的鱼和豆子；如果餐券上写有 60，他就代表了占世界人口 60% 的穷人，只能吃一点儿用白开水煮的土豆。

"非常不幸的是，我和迈克竟然抽到了 5 次 '60'，2 次 '25'，1 次 '15' 都没抽到，所以我们这 3 天连一顿大餐都没吃到！看着别人吃好东西，自己却只能吃那些糟糕的食物，这种滋味真的是太难受了！不过，我们的营长说，这个比例和世界人口的饥饿格局几乎是一样的。原来世界上有那么多吃不饱的穷人，他们真是太可怜了！与他们相比，我们真是幸福多了。现在我才知道，仅仅是在我们德国，就有 80 多万无家可归的人呢！在全世界，至少还有 2 亿人靠要饭才能活下去——他们平时吃的饭菜还不如我们那天吃的呢！"

艾丽叽叽呱呱地一口气说了上面那一大段话，刚才还有些发黄的小脸泛起了红晕。看得出来，经过这番经历的小家伙很激动。

回到家，艾丽跟妈妈说的第一句话便是："妈妈，我以后再也不买玩具了。我要把钱省下来捐给那些需要帮助的人。"

迈克也迫不及待地嚷道："我也是，我也要把钱捐给那些没饭吃的人！"

告诉你的孩子

世界上有那么多的人都在吃苦，我们平时吃点儿苦不算什么。现在吃点儿苦，是为了将来不吃苦，也是为了不让更多的人吃苦。

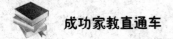

生活需要冒险精神

每年夏天，上百万只角马从干旱的非洲的塞伦盖蒂北上迁徙到马赛马拉的湿地。

在这艰辛的长途跋涉中，格鲁美地河是唯一的水源。这条河与迁徙路线相交，对角马群来说既是生命的希望，又是死亡的象征。因为角马必须靠喝河水维持生命，但是河水还滋养着其他生命，例如灌木、大树和两岸的青草，而灌木丛还是猛兽藏身的理想场所。冒着炎炎烈日，焦渴的角马群终于来到了河边，狮子突然从河边冲出，将角马扑倒在地。涌动的角马群扬起遮天的尘土，挡住了离狮子最近的那些角马的视线，一场杀戮在所难免。

在河水流动缓慢的地方，又有许多鳄鱼藏在水下，静等角马的到来。经常会有一群鳄鱼一同享用一头不幸的角马。有时，湍急的河水本身就是一种危险，角马群巨大的冲击力将领头的角马挤入激流，它们不是淹死，就是丧生于鳄鱼之口。

这天，角马们来到一处适于饮水的河边，它们似乎对这些可怕的危险了如指掌。领头的角马磨磨蹭蹭地走向河岸，每头角马都犹犹豫豫地走几步，嗅一嗅，嘶叫一声，不约而同地又退回来，进进退退像跳舞一般。它们身后的角马群闻到了水的气息，一齐向前挤来，慢慢将"头马"们向水中挤去，不管它们是否情愿。如果角马群已经有很长时间没饮过水，你甚至能感觉到它们的绝望，然而，舞蹈仍然继续着。

终于，有一只小角马"脱群而出"，开始痛饮河水。为什么它敢于走入水中？是因为年幼无知，还是因为渴得受不了？那些大角马仍然惊恐地止步不前，直到角马群将它们挤到水里，才有一些角马喝起水来。不久，汹涌的角马群将一头角马挤到了深水处，它恐慌起来，进而引发了角马群的一阵骚乱。然后，它们迅速地从河中退出，回到迁徙的路上。只有那些勇敢地站在最前面的角马才喝到了水，大部分角马或是由于害怕，或是无法挤出重围，只得继续忍受干渴。

每天 2 次，角马群来到河边，一遍又一遍重复着这一"仪式"。

沿着河边向上游走出 100 米就是平地，它们从那里很容易到达河边。但是它们宁可站在悬崖上痛苦地鸣叫，却不肯向着目标前进。

告诉你的孩子

生活需要适度的冒险，如果你总是告诫自己不可越"雷池"一步，就永远不可能得到比别人更优越的发展机遇。

不能只会享福不会吃苦

鲁伯特·默多克，企业家、世界传媒大亨，生于 1931 年澳大利亚的墨尔本。他控制了澳大利亚 2/3 的报纸，英国 40% 的报纸都由默多克控股，比如《太阳报》、《泰晤士报》等。他还拥有英国的天空电视台、美国的福克斯电视网、中国香港的亚洲卫视。在互联网时代到来后，默多克又宣布与日本公司合办一家专门拓展互联网投资的金融企业软银公司。

在这位世界巨富成功的背后，是一位严母的教育和心血。她给予默多克的早期教育，以及对他的鼓励和支持，使默多克一生受益无穷。

默多克的父亲凯斯·默多克在澳大利亚拥有《论坛报》集团，是一位很有成就的报业人士，1933 年被澳政府授予爵士头衔。默多克的母亲伊丽莎白·格林曾是一个优秀的演员，她很有主见，性格果敢，对儿子默多克既宠爱有加又严格要求。

　　父亲凯斯对他唯一的儿子默多克很是喜欢，甚至有点溺爱。为了纠正默多克在父亲的宠爱下养成的任性和娇气，伊丽莎白专门为默多克在花园里盖了一间小木屋，只有在寒冷的冬天，默多克才可以和父母以及姐妹们一起在大房子里睡觉。从春天到秋天，太阳下山，全家吃完晚饭、读书看报以后，母亲就要求小默多克去花园的小木屋里睡觉。最初，母亲还时常在小木屋里陪伴默多克，等他睡着后才返回大屋。渐渐地，默多克开始喜欢上了这间小木屋，于是，母亲就让他自己一人在小木屋里睡觉。父亲凯斯却于心不忍，几次三番地想打退堂鼓让小默多克搬回大屋睡觉。这时，母亲就会对父亲说："我认为在外面睡觉对我们的儿子很有好处，这是对他的一个锻炼。他不仅仅是要适应这些树，更重要的是，他还要适应自然界的黑暗，适应独处，这样做会让他变得更勇敢。"就这样，默多克在小木屋里一住就是好几年。实际上，这个花园里的小木屋是一个"美妙的小房子"，屋内有电灯，有一张床，还时时可看见萤火虫，而且夏天的时候非常凉爽。默多克越来越喜欢他的小木屋了。

　　默多克10岁的时候，他就被母亲送到了寄宿学校去生活。刚开始，父亲以儿子年纪还太小无法自己照顾自己为由，反对这一做法。但母亲却坚持她的想法不让步，她对丈夫说："在寄宿学校的生活能教会儿子如何与他人相处，这对孩子绝对有益，有助于培养儿子无私的精神。"默多克就读的学校叫基隆语法学校，这里位于海风口，冬天非常寒冷。但这个学校的教员个个博学多才、诲人不倦，校长严格且尽职，默多克在学校里不仅仅学到了丰富的知识，而且逐渐培养起独立思考的习惯。在几位良师益友的影响下，他开始参加校园活动和学生社团，并渐渐成为令人瞩目的风云人物，还担任了校报的编辑，从此开始了他的传媒生涯。

　　默多克的母亲似乎有点"铁石心肠"，但正是这种"铁石心肠"才造就了默多克今天的成功和辉煌。如果父母总是千方百计地想把孩子护在自己的双翼下，

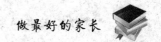

结果孩子会越来越娇嫩，独立性越来越差，试想，孩子以后又怎能适应各种环境呢？怎能化解各种困难和挫折呢？

告诉你的孩子

人生要经过许多磨难，特别是要成就大事业。如果只会享福，不能受苦，这样的人不但不能立足于社会，就连生存都成问题。因为，这样的人心理永远不会成熟。

勇敢面对才能成为生活的强者

"苦难是人生的一笔财富"，这是人们常说的一句激励、奋进的话。但学会正确对待苦难更有现实的意义。毕竟，苦难不是幸事，也不是每个人都能承受得起的。

在一次聚会上，那些堪称成功的实业家、明星谈笑风生，其中就有著名的汽车商约翰·艾顿。艾顿向他的朋友——后来成为英国首相的丘吉尔回忆起他的过去：他出生在一个偏远小镇，父母早逝，是姐姐帮人洗衣服、干家务，辛苦挣钱将他抚育成人。但姐姐出嫁后，姐夫将他撵到了舅舅家，而舅妈更是刻薄，在他读书时，规定每天只能吃一顿饭。还得收拾马厩和剪草坪。刚工作当学徒时，他根本租不起房子，有一年多时间是躲在郊外一处废旧的仓库里睡觉……

丘吉尔惊讶地问："以前怎么没有听你说过这些？"艾顿笑道："有什么好说的呢？正在受苦或正在摆脱受苦的人是没有权利诉苦的。"这位曾经在生活中失意、痛苦了很久的汽车商又说："苦难变成财富是有条件的。这个条件就是，你战胜了苦难并远离苦难不再受苦。只有在这时，苦难才是你值得骄傲的一笔人生财富，别人听着你的苦难时，也不觉得你是在念苦经，只会觉得你意志坚强，值得敬重。但如果你还在苦难之中或没有摆脱苦难的纠缠，你说什么呢？在别人听来，无异于就是请求廉价的怜悯甚至乞讨……这个时候你能说你正在享受苦难，在苦难中锻炼了品质、学会了坚韧？别人只会觉得你是在玩精神胜利、自我麻醉。"

艾顿的一席话，使丘吉尔重新修订了他"热爱苦难"的信条。他在自传中这样写道：苦难，是财富还是屈辱？当你战胜苦难时，它就是你的财富；可当苦难战胜了你时，它就是你的屈辱。

告诉你的孩子

坚强面对，不屈不挠，勇于奋斗，最终战胜了苦难，家长应让它成为孩子人生中真正值得汲取的财富！

在困难面前绝不服输

小新像往常一样，在做完功课后，吵着让妈妈给她削水果。可是这次妈妈并没有像往常一样，拿起水果刀来削，而是笑盈盈地告诉她："新新，你现在应该自己学着削水果了呀！"

小新满脸疑惑地问："妈妈，这是为什么呢？以前不都是你给我削吗？我害怕会削伤自己的手。"

妈妈摸着小新的头，轻松地说："现在你已经上小学了，很多事情要学会自己动手啊！"

小新看到妈妈的态度很坚决，只好笨拙地拿起水果刀，找了一个又大又红的苹果，模仿着妈妈的样子慢慢地削了起来。她的动作很慢，连皮带肉地削下来很多，刚削到一半时，苹果几乎只剩下半个了，很多果肉都与果皮一起削掉了。这

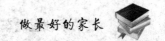

使小新非常难过，看着自己手里凹凸不平的丑苹果，想到妈妈削出来的又大又圆的大苹果，小新几乎失去了信心，嘴里不停地嚷着："不削了，不削了！"边嚷边把水果刀放到了一边。

"孩子，做每件事情都要坚持到底！"小新妈平静地看着小新，然后拉起她的手，微笑着说："你要记住哦，半途而废可不是一个好习惯。"小新想了想妈妈的话，于是又拿起了水果刀，安静地削了起来。可是水果刀并没有更听话一些，还是会碰到小新的手指，吓得她出了一身冷汗，每当她要停下来时，就会想到妈妈的话，只得又坚持下来，直到水果削完，她长长地舒了一口气，像完成了一项伟大的工程。

这时，妈妈走到小新跟前，对她说："勇敢的孩子，你看这次不是已经削好了吗？这就是坚持的力量。"小新看着妈妈高兴地说："坚持下来真让人开心！"

告诉你的孩子

磨难来源于外界，而坚持却来自于内心，保持一种良好的精神状态和拼搏向上的精神，才是战胜一切挫折，摆脱一切困境的灵丹妙药。真正能够改变自己命运，最终取得成功的，只有那些能够全力以赴，在挫折中一次次倒下又奋力站起来的人。

不管处境多么残酷都不放弃

一名工程师不幸身患绝症，医生说，此病随时可能引发中枢神经系统病变，并导致死亡。此时，工程师刚满 30 岁，正当年富力强，儿子也只有 4 岁。面对这样残酷的事实，工程师彻底绝望了。为了减轻自己的痛苦，工程师唯一能做的，就是用文字记录下生命中最后的每一天。

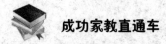

工程师买来一个精致的日记本，在扉页工整地写下"生命苦旅"4个字。在这本日记里，工程师记录了自己每天的病症，想对亲人诉说的千言万语，以及自己的感受。这些悲怆的文字载满了工程师对生活的留恋，对亲人的愧疚，对事业的遗憾……

时间过了2个月，工程师发觉，写日记并没有减轻悲伤，反而加剧了自己的痛苦；因为日记中的文字每一天都在提醒他自己经历着的残酷事实。工程师觉得世界抛弃了他。

一天，工程师突然回想起自己读大学时曾经有过一个梦想：绘制一个关于蚂蚁的童话故事！想到这里时，工程师撕毁了自己的"死亡日记"，拿起画笔开始了创作童话故事。

不过，因为工程师以前是搞建筑设计的，不会画画，所以一切都得从零起步。他开始穿梭于图书馆查阅资料，整日整日面对着1张白纸、1支铅笔和1块橡皮……每当沉浸在这种创作状态中时。工程师经常忘记了自己的病痛。

这个过程，持续了整整5年。5年过去后，工程师成功了，他的童话故事得到出版社的赞赏，终于顺利出版了。

有记者采访他，请他谈谈现在的感受。工程师说："5年前，当我患上不治之症时，我觉得这个世界抛弃了我，把我从人群中挤了出去。今天，虽然仍然时刻面临着死神的威胁，可是我觉得世界并没有抛弃我，因为它至少还给了我这样一个实现梦想的机会。我现在终于明白一个道理：当我们觉得世界抛弃自己时，其实是我们首先抛弃了世界。"

告诉你的孩子

无论正经历着多么残酷的事实，只要心中还有梦想的种子，世界就不会将我们抛弃！

把挫折看做人生的礼物

杰克是位有着一流驾船技术的老船长。他曾经 1 个人驾驶 1 艘简陋的帆船在台风肆虐的大海中漂泊了 1 个月；他也曾驾驶 1 艘机轮船，多次航行到几千海里的深海处；他的船员们都非常尊敬他。

杰克有 1 个儿子。他对儿子有着很高的期望，他希望自己的儿子能够掌握他毕生的驾船技术，并也能成为 1 个 "受人尊敬的船长"。杰克的儿子也很努力地向自己的父亲学习驾船的一切知识和技术。在他成年之后，他已经掌握了非常丰富的驾驶机轮船的知识和技术。于是为了锻炼他，杰克便让他 1 个人驾船出海了。

可是，不久之后，他的儿子却死于 1 次台风中。当时的台风等级对于经常出海的渔民来说，是一次再普通不过的等极了。

船员们听说这件事后，都纷纷过来安慰杰克。

老杰克非常伤心地说道："为什么我的驾船技术这么好，而我儿子的驾船水平却这么差？他很小时我就开始手把手地教他驾船的技术，而且是从最基础的教起：我告诉他，如何对付海中的暗流；如何识别台风前兆；如何采取应急措施等。只要是我知道的，我经历过的，我的所有经验，我都毫无保留地传授给了他。可是为什么，在那么普通的台风中，他就那么容易地丧生了呢？"

此时，旁边听着的一位老船员问："你就这样一直手把手地教他？"

"当然，只要是我知道的，我毫无保留。"

"他就从来没有离开过你吗？"老船员又问

"是的，他一直都在我身边。"

老船员说道："那么你的错，会多于你的儿子。"

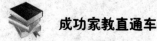

杰克感到很困惑。

老船员说道："在你儿子的成长过程中，你只传授他技术，却不曾传授他教训。对于行船这个实践性这么强的活动来说，没有教训作为根基。知识也不过是纸上谈兵罢了。"

告诉你的孩子

"你只传授他技术，却不曾传授他教训"，老船员的话说到了问题的根本。对于父母来说，他们往往给孩子以聪慧的头脑、渊博的知识、健康的身体和出色的外表，但是却往往忽略了他们失败时所要经受的教训。教训的意义，不仅仅是指出行不通的错误路径，更重要的是能让人深刻体会到什么才是正确的价值，如何培养和锻炼人的意志品质和技能素质，如何才能战胜困难，冲出险境获得成功。

对于成长中的孩子来说，很多情况下，教训往往比经验更深刻。因为只有深刻体会到失败的痛苦，才能在失败中得到成长的启发和经验。

第二章 "陪伴"能促使孩子和他人相处

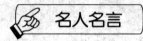 名人名言

为别人尽最大的力量，最后就是为自己尽最大的力量。

——罗斯金

主动伸出和解的手

前苏联著名作家叶夫图申科在《提前撰写的自传》中，讲到过这样一则十分感人的故事：

1944 年的冬天，饱受战争创伤的莫斯科异常寒冷，2 万德国战俘排成纵队，从莫斯科的大街上依次穿过。

尽管天空中飘飞着大团大团的雪花，马路两边依然有很多围观的群众。大批苏军士兵和治安警察在战俘和围观者之间画出了一道警戒线，用以防止德军战俘遭到围观群众愤怒的袭击。

这些围观者中老少皆有，大部分是来自莫斯科及其周围乡村的妇女。他们之

中每一个人的亲人——或是父亲或是丈夫或是兄弟或是儿子——都在德军所发动的侵略战争中丧生。他们都是战争最直接的受害者，都对悍然入侵的德寇怀着满腔的仇恨。

当大队的德军俘虏出现在妇女们的眼前时，她们全都将双手攥成了愤怒的拳头。要不是有苏军士兵和警察在前面竭力阻拦，她们一定会不顾一切地冲上前去，把这些杀害自己亲人的刽子手撕成碎片。

俘虏们都低垂着头，胆战心惊地从围观群众的面前缓缓走过。突然，一位上了年纪、穿着破旧的妇女走出了围观的人群。她平静地来到一位警察面前，请求警察允许她走进警戒线去好好看看这些俘虏。警察看她满脸慈祥，没有什么恶意，便答应了她的请求。于是，她来到了俘虏身边，颤巍巍地从怀里掏出了一个印花布包，里面是一块黝黑的面包。她不好意思地将这块黝黑的面包硬塞到了一个疲惫不堪、挂着双拐艰难挪动的年轻俘虏的衣袋里。年轻俘虏怔怔地看着面前的这位妇女，刹那间已泪流满面。他毅然扔掉了双拐，"扑通"一声跪倒在地上，给面前这位善良的妇女重重地磕了几个响头。其他战俘受到感染，也接二连三地跪了下来，拼命地向围观的妇女磕头。于是，整个人群中愤怒的气氛一下子消失了。妇女们都被眼前的一幕所深深感动，纷纷从四面八方拥向俘虏，把面包、香烟等东西塞给这些曾经是敌人的战俘。

故事以这样一句发人深思的话结尾："这位善良的妇女，刹那之间便用宽容化解了众人心中的仇恨，并把爱与和平播种进了所有人的心田。"

告诉你的孩子

与人交往，退一步绝对能海阔天空。很多时候，在我们最需要帮助时，身边出现的人往往是我们的"敌人"。

因此，多一个朋友，远不如减少一个"敌人"好，只要我们主动伸出和解

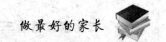

之手，解开彼此心中的疙瘩，我们可能就会减少一个"敌人"，而增加一个肝胆相照的好朋友。

给别人一份真诚的关怀

在一次盛大的舞会上，实话先生见到一位风韵犹存的老女人。他走过去向她行礼，说："您使我想起您年轻的时候。"

老女人微笑着说："怎么样？"

"很漂亮。"

"难道我现在不漂亮吗？"老女人带着几分戏谑说。

实话先生非常认真地说："是的，比起年轻的您，您的皮肤松弛，缺少光泽，还有皱纹。"

老女人的脸一阵白一阵红，刚才的自信一下子消失了。

这时，撒谎先生来到老女人面前，彬彬有礼地邀请老女人跳舞，说："您是舞会上最漂亮的女人。如果您能接受我的邀请，我将是舞会上最幸福的人。"

老女人眼睛顿时闪出迷人的神采，她伸出了应允的手。

撒谎先生和老女人在舞池里跳了一曲又一曲，老女人沉浸在无比的幸福之中。

实话先生坐在一边看着这对年龄不协调的舞伴。撒谎先生微笑着对老女人说了句什么，那老女人突然间像萌发了青春活力，全身洋溢着生命的激情与魅力，舞跳得就像个年轻人——犹如一个出色、漂亮的年轻女郎！

舞会结束了。

实话先生叫住刚送走老女人的撒谎先生，问道："跳舞的时候你对她说了什么？"

撒谎先生说："我对她说'我爱你，你愿意嫁给我吗？'"

实话先生惊愕地瞪大眼睛，气愤不已地说："你又在撒谎了！你根本不会娶她。"

"没错！可她很高兴，难道你没看见吗？"

两人争执不下，各走东西。不久，他们被邀请参加老女人的葬礼。葬礼结束后，一位仆人走过来，将两封信分别交给了实话先生和撒谎先生。

实话先生打开信后看到这样一行字："实话先生，你是对的。衰老、死亡不可避免，但说出来却如雪上加霜。我将把一生的日记赠送给你，那才是我的真实。"

撒谎先生打开了老女人留给他的遗言："撒谎先生，我非常感谢你的谎言。它让我生命的最后一夜过得如此美妙幸福，它让我生命的枯木重新燃起了青春的活力，它化去了我心中厚厚的霜雪。我将把我的全部遗产赠送给你，请你用它去制造美丽的谎言吧！

告诉你的孩子

诚实教人面对现实，正视自己；而善意的谎言与鼓励则能融化别人心中的霜雪，送去一份真诚的关怀。

宽容对待他人

8岁的儿子放学后气冲冲地回到家里，进门后他使劲儿地跺脚。他的父亲正在院子里干活儿，看到儿子生气的样子，就把他叫了过去，想和他聊聊。

儿子不情愿地走到父亲身边，气呼呼地说："爸爸，我现在非常生气，同桌以后甭想再得意了。"

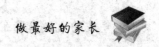

父亲一面干活儿，一面静静地听儿子诉说："同桌让我在朋友面前丢脸，我现在特别希望他遇上几件倒霉的事情。"

他父亲走到墙角，找到一袋木炭，对儿子说："儿子，你把前面挂在绳子上的那件白衬衫当作同桌，把这个塑料袋里的木炭当作你想象中的倒霉事情。你用木炭去砸白衬衫。每砸中一块，就象征着同桌遇到一件倒霉的事情。我们看看你把木炭砸完了以后，会是什么样子。"

儿子觉得这个游戏很好玩儿，就拿起木炭往衬衫上砸去。可是衬衫挂在比较远的绳子上，他把木炭扔完了，也没有几块扔到衬衫上。

父亲问儿子："你现在觉得怎么样？"

他说："累死我了，但我很开心，因为我扔中了好几块木炭，白衬衫上有几个黑印子。"

父亲看到儿子没有明白他的用意，于是便让儿子去照照镜子。儿子在一面大镜子里看到自己满身都是黑炭，从脸上只能看到牙齿是白的。

儿子的白衬衫并没有变得特别脏，而他自己却成了一个"黑人"。

告诉你的孩子

每个人在被别人伤害之后，都会有报复之心。但每次报复之后，自己的身上也会相应地留下污迹。以怨报怨，走到最后，双方只能成为敌人。学会宽容，就会少一个敌人，多一个朋友。

平等地看待他人

妞妞是一个从小被娇生惯养的孩子，骨子里总是会把人分成三六九等。在班上她也只和家住在城市的同学们往来，根本不和那些农村的同学说话；如果哪个同学的成绩好，她会主动和其套关系，如果是成绩不好的同学，她就总是冷嘲热讽的。

在家里，如果哪个叔叔，阿姨很有钱，给她带来很多好吃的，她都会很亲切地"叔叔"、"阿姨"叫个不停，那张小嘴特甜；可如果是家里的穷亲戚，她就很冷淡地看都不看一眼，即便是面对面也会爱理不理。只能用"判若两人"来形容她。

妞妞妈发现了妞妞的这种行为后，非常为妞妞担心。于是她先从妞妞爸和自己的身上找原因，看看是不是自己的行为影响了妞妞，以至于使妞妞受到了这么坏的影响；然后，她又把妞妞叫到了身边，给妞妞讲了这样一个故事：

英国的维多利亚女王和丈夫吵架之后，丈夫被气回了卧室不肯出来，为了能让丈夫开门，女王开始敲卧室的门。

这时，丈夫问："谁在敲门？"

"我是女王。"英国女王高声回答道。可是丈夫并不开门，于是女王只好继续敲门。

门里又有人问："谁在敲门？"

此时女王声音稍低了些，回答说："是维多利亚。"可是房间的门依然没有开，无可奈何的女王只得继续敲门。

门里的人依然问："谁在敲门？"

"你的妻子！"女王柔声回答道。此时，门开了。

讲完上面的故事，妈妈告诉妞妞："每个人都应该学会平等地对待他人。当我们不能与人平等交往时，无论何时都会吃闭门羹；如果我们能以平等的态度来为人处世、待人接物的话，就会发现原来这个世界上没有什么样的门是打不开的。妈妈讲这个故事的目的，就是想让妞妞知道，任何时候，对于什么事情，我们都要一视同仁，平等对待。每个人身上都有着他们的优缺点，有着需要向别人学习的地方，所以我们不能总是看着别人不如自己的地方。不管别人是来自城市还是农村、是富有还是贫困，我们都要不卑不亢地去对待。不卑不亢的意思就是说：在有钱有势的人面前不奉承；在没钱没势的人面前不摆谱儿。这才是堂堂正正的与人交往之道。"

告诉你的孩子

在我们的身边，有富人也有穷人，有熟人也有陌生人。人与人之间都会存在着这样或那样的差异，例如家庭、地位、素质等。可是大家在人格上却是平等的，大家都有着同样的权利和尊严。孩子之所以会在不懂事的时候出现"势利眼"的情况，不去平等地对待他人，其实父母在教育孩子时也出现了的疏忽。

为他人着想

有1只鸭子在谷仓边不小心踩到了1只公鸡的脚，公鸡恼怒地说："我要报仇！"说完便扑向鸭子。可是就在同时，它的翅膀打到了旁边的1只母鹅。

母鹅也很生气，认为公鸡是故意打它的，于是对公鸡说："我要报仇！"说完就扑向公鸡。扑过去的时候，它的脚不小心拨乱了猫的毛。

"我要报仇！"猫儿喵喵地叫着，然后奔向母鹅。可是就在它奔过去的时候，它的脚碰到了1只山羊。

"我要报仇！"山羊咩咩地叫着，便向猫撞过去。但就在这时有1只牧羊犬从那儿走过，被山羊撞倒了。

"我要报仇！"牧羊犬狂吠1声，便横冲直撞地追向山羊。它跑得飞快，因为闪避不及和门边的1头母牛撞了个满怀。

"我要报仇！"母牛也怒吼起来，开始追牧羊犬。但这条牧羊犬在1匹马屁股后头跑，这只母牛在慌乱之中，不小心踢了马一脚。

"我要报仇！"马也嘶鸣起来，冲向母牛。

由此，农场引发了一场混战！家禽牲畜们相互追逐着都要报仇。而这一切混战的起因只是从这只鸭子意外地踩到公鸡的脚趾开始的。农夫听到骚乱声，马上跑出来，气得把这些动物统统关到各自的笼子或栏圈里。它们自由自在的美好时光就这样结束了，而这都因为它们太在意一件无关紧要的小过错而造成的。

告诉你的孩子

一个人不能总是只想着自己，还要为别人着想。有时候，只不过是一件小事，如果能多为别人想一想，那么就会小事化了；如果不能为别人着想，那么只能使小事变大。

用真心对待他人

1860 年，与林肯同时竞选总统的是当时煊赫一时的大人物——民主党候选人道格拉斯。他依仗自己的财势，专门准备了一辆竞选列车，还在后边安装了一门礼炮，所到之处，他都要鸣礼炮 32 响。在他看来，只要用强大的气势压倒林肯这个穷小子，就能顺利地当上总统。

与对手不同的是，林肯坐着一辆耕田用的马车，所到之处，他都要亲自走到选民中间，与选民进行亲切的交流。他的演讲词中有这样一段话，让人至今不能忘记："如果大家问我有多少财产，那么我告诉大家，我有 1 位妻子和 3 个女儿，都是无价之宝。此外，还有 1 个租来的办公室。室内有桌子 1 张，椅子 3 把，墙角还有大书架 1 个，架子上的书值得每 1 个人读，我本人既穷又瘦，脸很长，不会发福。我实在没什么依靠的，我唯一的一个依靠就是你们。"

那1年，美国人或许从林肯对家庭深切的爱中，从他袒露内心的演讲中，看到了他人性深处闪耀的光辉。更重要的是，他把唯一的依靠，放在了人民身上，这种发自内心对人民的依赖，让人民感受到了他们需要一个这样的总统。就在那1年，作为穷小子的他，击败了他的对手，当上了美国第16任总统。

告诉你的孩子

无论是总统赢得选民的支持，还是一个平常人要赢得别人的理解和尊重，实在不用张扬多大的气势，也无须费尽心思地去凸显其他的魅力。

只要我们肯拿出自己一颗真诚的心来，就能从别人那里获得所需要的一切。

学会原谅他人

在一次大战结束后的庆功宴上，楚庄王由于大获全胜十分高兴，因此不仅大鱼大肉地款待众位将领，更安排自己的一位宠妃到席间亲自为将士们斟酒，借此表示奖励。

将士们的酒越喝越多，胆子也越来越大。当这位妃子穿梭席间替将士们斟酒时，大厅上的蜡烛突然被风吹熄了，黑暗中，妃子感觉到有人趁机摸了她一把。

她急中生智，一把扯下了那人头盔上的帽带，然后回到楚庄王的身边，既生气又委屈地把这件事情告诉了楚庄王，请他好好惩治一下那个没有帽带的登徒子。

楚庄王听说有人调戏自己的爱妃当然怒火中烧，但是转念一想：在场人士皆是有功之臣，而且每个人都已满脸酒意，一时得意忘形实在无可厚非，不值得大惊小怪，何必为了一个无心之过而小题大做，破坏原本欢乐的气氛呢？于是楚庄王举起酒杯，对所有的将士说："今天宴请大家一定要玩得尽兴、不醉不归、因此请所有人都脱下头盔、不必拘泥礼节，大家一起狂欢吧？"

说罢，全场的人皆脱下了头盔——再也分不出谁是那个被扯下帽带的无礼军官了。

楚庄王宽宏大量，并能体恤军心、掩小恶以顾全大局，因此能在春秋时代为楚国开拓出一个繁荣盛世。

告诉你的孩子

一个人的心境是可以由自己来决定的，指出别人的错误也许非常重要；然而，适时原谅别人的错误才是更高一层的境界。

很多事情，本来也都可大可小、可有可无。每个人的身上也总有几处污点：疾恶如仇的人猛盯着那些地方看，心中充满了憎恶；有容乃大的人却假装看不见那些脏污的地方，设法往好处看。只要瑕不掩瑜，他心中自然会充满喜乐。

对待别人的态度决定别人对你的态度

有只狐狸，惊慌失措地跑进一个村落，喘得上气不接下气，四肢发软，好不狼狈。一只枝头上的鹦鹉见了，便问道："狐狸先生，您这是怎么回事啊？"狐狸一脸惨淡，气喘吁吁地讲："后……后面有一大群犬在追我！"

鹦鹉听了心急地大叫："哎呀！那你赶快到村口那位薛大婶的屋里躲一躲吧。她人最好，一定会收留你的。"狐狸一听："薛大婶？不行！前两天我偷了她鸡舍的鸡，她不会收留我的。"鹦鹉想了想，又说："没关系！石樵夫的家离这也不远，你赶快跑去他那儿躲起来呀！"狐狸却说："石樵夫？也不行！7天前我趁他上山砍柴时，偷吃了他女儿养的金丝雀。他们一家都正痛恨我呢！"

鹦鹉又说："那么，你去投靠庄大夫吧！他是这里唯一的医生，非常有爱心，一定不忍心看你被抓。"狐狸尴尬地说:"那个庄大夫吗?上次我到他家里,把他贮藏的肉片给吃得一干二净,还把他院子里种的郁金香给踩烂了!我没脸再回去找他。"鹦鹉无奈地问:"难道这村里就没有一个你可以信赖的人吗?"狐狸回答:"没有!我平时常得罪他们啊!"

鹦鹉摇摇头说:"唉,那我也救不了你了!"最后,这只平时耀武扬威的狐狸,就这样成了猎犬的战利品。

人的一生不可能永远一帆风顺,没有一个人可以保证自己永远高枕无忧,就像故事中的狐狸,平时再风光,再得意,有一天也可能面临种种的失败与危机。

告诉你的孩子

做人,是在为自己的失败买保险,你平时怎样待人,将决定你失意时别人会怎样待你;你失意时别人怎样待你,也决定了你的失败将"败"得多惨。

聆听他人的心声

有一次,法兰克和另一位推销员去见弗朗西斯·奥尼尔先生。奥尼尔先生讲话不多,但为人精明。他早年从事纸张推销,经过多年奋斗成为纸张批发商,后来又开办造纸厂,成为纸张生产与批发业中的头面人物,备受尊重。

彼此寒暄几句后,就进入正题。一开始,法兰克向他讲解他所拥有的产业与税收之间的关系,可他低着头,看也不看法兰克一眼。法兰克无从知晓他脸上的表情,连他是否在听也无法知晓,这真让人难堪。于是,法兰克只讲了3分钟便停了下来,靠在椅背上等着,接下来是尴尬的沉默。

法兰克那位同事如坐针毡,难以忍受沉重的静默。他担心法兰克失败,便急于想打破僵局。可他正准备说话时,看见法兰克在摇头,便明白了法兰克的意思，不再往下说了。

这样窘迫地又沉默了 1 分钟。那位总裁抬起了头，法兰克没理他，只是悠然地倚在椅背上等他开口。

彼此对视，良久无语。法兰克知道自己必须沉住气，只要等的时间足够长，对方总要先打破僵局。

奥尼尔先生终于开口了，他平日并不善谈，这次却说了足足半个小时。他说的时候，法兰克只是让他说，一句话也不讲。

等他说完了，法兰克说："奥尼尔先生，您讲的话对我很有帮助。您告诉我这样一个事实。您比大多数人都有思想。最初，我来的目的是想帮您这位成功人士解决问题，通过与您交谈，我明白您已花了 2 年时间来准备解决这一问题。尽管如此，我还是很乐意花些时间帮您更好地解决这些问题。我下次来时，一定会带来一些新的想法。"

此次见面的开局不好，但结尾却令人满意。奥尼尔对法兰克认真倾听的谦虚态度及独到见解留下极好印象，双方后来很快达成几百万美元的合作项目。

告诉你的孩子

能说会道不是坏事。但在与人交往的时候，善于倾听也很重要。善于倾听的人，不仅能够利用一切机会博采众长，丰富自己，而且能够留给别人讲礼貌的良好印象。

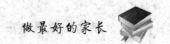

第三章　"陪伴"能促使孩子学会独立

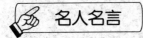

你要教你的孩子走路，但是，应由孩子自己去学走路。

——爱默生

独立是成功的前提

麦克·阿瑟，美国著名的"五星上将"，是一位不可多得的军事天才。麦克·阿瑟靠自己的努力考入西点军校，以优异的成绩毕业。在部队中麦克的军事天才受到赏识而步步高升，一直升为五星上将。在第二次世界大战中，他发挥了其卓越的军事指挥才能。

麦克小时候，家里经济情况很困顿。也正是在这种艰苦的条件下，父母教给了小麦克·阿瑟独立自强的可贵品质。

麦克的父母从不会溺爱孩子，他们注意从小就培养孩子做家务的习惯，即使是男孩子也不例外。在学习之余，家里的孩子还要做饭、打扫卫生等等。他们家制定了非常严格的家规，用此来培养孩子良好的生活习惯。比如孩子们早晨6点必须准时起床，晚上9点就必须停止嬉戏，上床睡觉。父母还创造出很多条件让他们参加劳动。麦克·阿瑟家旁边有一块空地，春天的时候，父母带着孩子们在那儿种上了很多蔬菜。等到秋天收获的时候，几个孩子就负责把菜运到城里去卖，然后用卖的钱买他们需要的衣服和学习用品等等。

有一年，麦克·阿瑟的弟弟染上了猩红热，家里的事情更加忙乱起来。妈妈把麦克叫到跟前，郑重地把家里的一件"大事"委托给了他。这件事就是给全家人做饭。小麦克此前根本不会做饭，但是，他想，很多本领就是让形势逼出来的，于是下定决心把饭做好。那个时候，医生要求他家里人和生病的弟弟隔离开，于是父亲便和几个儿子挤着住在楼下，妈妈则和邻居一位大妈一起照看弟弟。两个哥哥在外面帮工，所以烧水做饭的事情当然就落在了麦克头上。开始，是母亲手把手地教他，怎样切菜怎样生火，每天吩咐好做什么饭，安排好了，他就在厨房里忙活一阵，还真的能行！因为从来没有做过饭，所以他感到还有几分新鲜有趣，做得极其认真仔细。刚开始手艺不精，常常饭菜做好了，家里人吃得皱眉头，叫嚷着难以下咽。后来，越做越熟练，还练就了一个拿手好菜，就是一种菜汤，家里人都非常喜欢喝。看到这一切，麦克高兴极了。

后来，麦克上了中学，遇上和同学一起出去郊游的事儿。他和另外一个面包师的儿子负责给大家烧饭。他凭着自己童年时的手艺，不但会烤土豆，还会烧牛排，尤其是做的馅饼令大家赞不绝口。大家诧异极了，这个毛手毛脚的小伙子还有这两下子！

直到晚年，麦克还对自己少年时期的这段经历记忆犹新。他常常津津乐道地给别人讲起这件事。要知道，父母在艰苦岁月中教会他的，又岂止是做饭呢？

麦克·阿瑟的"硬汉"形象使人很难把他和做饭这样"婆婆妈妈"的琐碎事情联系起来。正如人们常说的那样，"穷人的孩子早当家"，他在年幼时培养

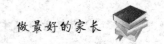

起的吃苦耐劳的精神，使他终身受益。娇生惯养的生活难以培养出英雄人物和杰出人才。早一天让孩子学会吃苦、学会独立，就是早一天修炼他们身上成功的潜质。所以，名人父母很注意培养孩子的自立意识。具有独立性，极少依赖性，这是孩子成才的保证。

告诉你的孩子

人的独立精神是立业的根基。作为孩子，应该自己会睡、会坐、会玩，不依赖大人；会走以后，能够独自串门；自己的事情喜欢自己做；在保证安全的前提下，还会自己上幼儿园，走亲戚，与陌生人交朋友等。那些胸前挂钥匙的孩子，独立精神往往是比较强的。

到实践中去锻炼自己

道格·拉斯·麦克阿瑟是美国历史上最年轻的将军、最年轻的西点军校校长和最年轻的陆军参谋长，美军少有的五星上将之一。他功成名就后，曾动情地谈及他的往事，说："我有个幸福的家，有令我骄傲的父母亲，有回味无穷的童年。"

麦克阿瑟生在军营，长在军营，学在军营，志在军营。在军营中，由于父母通力教育培养，他创造了辉煌的军旅生涯。

麦克阿瑟的父亲生性勇敢、坚强，富有惊人的毅力。他也很希望儿子具有这种性格。在麦克阿瑟五六岁时，父亲就教他骑马和打枪，他的父亲还曾经用整整两个晚上，亲手制作了一把精美的木剑，把它作为圣诞礼物送给了他。许多年后，麦克阿瑟还就此对人说："它使我兴奋不已。挥舞着它，仿佛自己就已经成为一名骑士——勇往直前。"

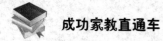

　　然而，有一次却异乎寻常：麦克阿瑟挥舞着那把木剑随父亲出外打猎，突然从树林中蹿出一只豹子，呼啸着朝他奔来。他顿时惊惶失措，拼命跑到父亲身后，紧紧地抱着父亲的身体。同时，木剑也掉在了地上。父亲鸣枪吓跑那野兽后，生气地对他说："道格，要勇敢，要做个真正的男子汉！永远不要忘记，你是军人的儿子！"说罢，帮他捡起了木剑，重新交在他手中。

　　这件事对麦克阿瑟影响极大。从此，他一有机会便去锻炼自己的胆量。

　　一天傍晚，他和表弟在军营旁的火车站附近玩耍，正要过铁道时，一列火车突然停了下来。麦克阿瑟为显示自己的勇敢，竟然带表弟钻到火车下边向对面爬去。几秒钟过后，火车便一声长鸣，轰隆轰隆地开动了。这情景正好被找他的母亲看在眼里，她当即吓得昏倒在地。

　　时隔不久，麦克阿瑟随父母去砍香蕉树，不慎被镰刀划破了脚。他忍住疼，没有告诉任何人。两日后，伤口恶化，腐烂化脓。父母发现后，马上给他敷药治疗。当时，是先用盐水来清理伤口的，其滋味可想而知。但不满8岁的他却始终咬着牙，没叫一声疼。父亲又惊又喜，心想："也许，他真能成为一个勇敢的军人。"

　　在优越的家庭条件下，麦克阿瑟的母亲从不娇惯孩子。她一向教导孩子要勤劳，要独立，自己的事情自己做，从不纵容他们养成依赖、享受等不良习惯。她鼓励孩子们每天轮流做些力所能及的家务活，而不许以任何理由拒绝。

告诉你的孩子

　　社会是一所大学，只有在社会实践中通过锻炼和闯荡，进而为今后的人生之路和处理纷繁复杂的人际关系积累许多书本上难以学到的宝贵经验，最终才能成为杰出的人才。

为自己的事做主

美国著名女演员索尼亚·斯米茨的童年是在加拿大渥太华郊外的一个奶牛场里度过的。

当时她在农场附近的一所小学里读书。有一天她回家后很委屈地哭了，父亲就问原因。她断断续续地说："班里一个女生说我长得很丑。还说我跑步的姿势难看。"父亲听后，只是微笑，忽然他说："我能摸得着咱家天花板。"正在哭泣的索尼亚听后觉得很惊奇，不知父亲想说什么，就反问："你说什么？"

父亲又重复了一遍："我能摸得着咱家的天花板。"

索尼亚忘记了哭泣，仰头看看天花板。将近 4 米高的天花板，父亲能摸得到？她怎么也不相信。父亲笑笑，得意地说："不信吧？那你也别信那女孩的话，因为有些人说的并不是事实！"

索尼亚就这样明白了，不能太在意别人说什么，要自己拿主意。

她在二十四五岁的时候，已是个颇有名气的演员了。有一次，她要去参加一个集会，但经纪人告诉她，因为天气不好，只有很少人参加这次集会，会场的气氛有些冷淡。经纪人的意思是，索尼亚刚出名，应该把时间花在一些大型的活动上，以增加自身的名气。索尼亚坚持要参加这个集会，因为她在报刊上承诺过要去参加，"我一定要兑现诺言"。结果，那次在雨中的集会，因为有了索尼亚的参加，广场上的人越来越多，她的名气和人气因此骤升。

后来，她又自己做主，离开加拿大去美国演戏，从而闻名全球。

告诉你的孩子

自己拿主意，当然并不是一意孤行，而是忠于自己，相信自己。坎坷人生，

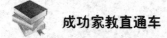

很多时候我们都要自己拿主意。

发挥自己的聪明才智

一位父亲带着 6 岁的儿子郊游，父亲钓鱼，儿子在一旁玩耍。在离湖边不远处，有一个很深的大坑。孩子好奇，自己偷偷摸索着下到坑里。玩了一阵子后他发现，大坑离地面很高，下来容易上去难。于是他不得不求助正在钓鱼的父亲："爸爸，爸爸，帮帮我，我上不去了！"但他没有得到回应。其实，此时此刻他知道他的父亲正在距离他不远的地方钓鱼，他没有想到，父亲会对其求助置之不理。于是，他的第一个反应就是愤怒。他开始直呼父亲的名字，但他的父亲还是置之不理。

这时，天渐渐地黑下来，出于恐惧和无助，他的第二个反应是哭泣，又哭又喊，这足以令做父亲的揪心，但结果得到的反应还是沉默。之后，他不得不自己想办法了。他在坑里转来转去，寻找可以上去的地方，终于，他发现在坑的另一面，有几棵可以用于攀爬的小树。他艰难地爬了上来。

此时此刻，他发现父亲还在那里叼着烟卷，悠闲地钓着他的鱼。令人意想不到的是，这个顽童没有抱怨，更没有愤怒，而是径直走到父亲身边，自豪地对父亲说："老爸，我是自己上来的！"

告诉你的孩子

遇到困难时，不要总想着寻求别人的帮助，久而久之就会形成一种依赖心理。可是，当没有人可以帮助他的时候，他自己就会去寻找解决的办法，并且也可以把事情解决得很好。所以，当我们遇到困难的时候，先不要寻求别人的帮助，而要发挥自己的聪明才智，最终找到解决问题的办法。

凡事都要靠自己

李嘉诚是一个自立自强，永不服输的人。当年，他一家为逃避战乱辗转来港。在战火燃及香港、百业萧条的情况下，他父亲为了养家糊口，只好拼命地工作。但祸不单行，由于长年劳累，再加上贫困、忧愤，不幸染上了肺病，终于在家庭最困难的时候病倒了。

身为长子的李嘉诚一边照顾父亲，一边拼命读书。他希望通过自己的努力学习，取得好成绩，让生病的父亲获得一种精神上的慰藉。李嘉诚父亲也满心期待着儿子能够学有所成、出人头地。

为了给父亲治病，李嘉诚一家每天两顿稀粥，母亲去集贸市场收集的菜叶子，便是一家一天的"美食"。每天一放学，李嘉诚便匆匆赶到医院，守护在父亲的病床前，紧握住父亲的手，向他汇报自己的成绩。此刻，父亲的脸上就会洋溢出宽慰的笑容。

然而，命运无情。父亲终于没能熬过1943年那个寒冷的冬天，走完了坎坷的一生，离开了这动荡纷乱的世界。他没有给李嘉诚留下一文钱，相反，还给李嘉诚留下了一副家庭重担。

临终前，父亲哽咽着对儿子说："阿诚，这个家从此就只有依靠你了，你要把它维持下去！"

此外，父亲深知未成年的儿子更需要依靠亲友的帮助，同时又不希望儿子抱有太重的依赖心理，便留下"贫穷志不移"、"做人须有骨气"、"求人不如求己"、"吃得苦中苦，方为人上人"、"不义而富且贵，于我如浮云"、"失意不灰心，得意莫忘形"、"达则兼济天下，穷则独善其身"之类的遗言。

对于父亲的熏陶和遗训，对于父亲的一片苦心，李嘉诚永生不忘。时刻铭记在心，并伴随他一生的风风雨雨，使他终身受益无穷。父亲在贫穷中辞世，却给儿子留下珍贵的精神遗产——如何做人。这一年，李嘉诚14岁，刚刚读完初中二年级。

数十年后，每当李嘉诚回忆起父亲生病不求医，省下药钱供自己读书，母亲缝补浆洗，含辛茹苦维持一家人生计时，总是不堪回首，并产生一种"子欲养而亲不在"的伤痛之情。

14岁的孩子，正是需要父母呵护疼爱、充满梦幻的年龄。但因父亲辞世，弟妹尚幼，为了生存，母亲设法批发一些塑料花去卖，每天只能赚到几角钱，根本无法养活一家五口。加上经历时局动荡，世态炎凉，促使李嘉诚早熟。

李嘉诚是家中的长子，对母亲非常孝顺，觉得自己应该放弃学业，帮助母亲承担家庭生活的重负。这对于一个14岁的少年来说，实在是难以接受的现实。尽管舅父庄静庵表示资助李嘉诚完成中学学业，接济李嘉诚一家，但李嘉诚仍打算中止学业，遵循父亲的遗愿，谋生赚钱，支撑起这个家庭。舅父未表示异议，他说，他也是读完私塾，10岁出头就远离父母家乡，去广州闯荡打天下的。原本，外甥李嘉诚进舅父的公司顺理成章，但庄静庵未开这个口，舅父的意思李嘉诚心知肚明，他今后必须靠自己，独立谋生。

商业社会的冷酷无情对一个少年来说，是一种灾难，但它也催人早熟。也许正因为这样，才迫使少年李嘉诚丢掉幻想，把自己逼上了独立谋生的道路，从此开始自我奋斗，由一个地位低下的打工仔，一步一个脚印地走向了成熟、成功和辉煌。

告诉你的孩子

生活中，每个人都会遇到生活的重压，有些人由于承受不了而失败；有些人则敢于挑战，赢得成功。所以应该正视并且利用人生的挫折和不幸，甚至应该自

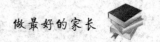

加压力，强迫自己发挥出巨大的潜能。

自己去摸索人生的经验

一个年轻人去拜访一位大师，向他请教做人之道，大师笑了笑，给他讲了两个故事。

从前有两个强壮的青年，一拙、一巧。两人奉命在同一块土地上各自挖井取水。很快两人都挖了两米多深，但丝毫没有出水的迹象。拙者继续在原地深挖，而巧者则换了个地方作新的尝试。如此这般，两人工作了很久，终于，拙者通过不懈的努力找到了汩汩的泉源，而巧者因为盲目地不断更换地点，终究一无所获。

年轻人听罢，若有所悟地点点头："我明白了，做人就应该持之以恒，不应该朝三暮四，蜻蜓点水，否则终将一事无成。"

大师笑笑，又讲了一个故事：

还是这样两个人，巧者在经过数次的尝试后，不断总结经验、分析地质，终于在一个地方发现了出水的迹象，于是在此深挖，最终找到了水源。拙者则始终在原来的地方，一如既往，埋头苦干，越挖越深，虽然付出了很多努力却终成徒劳。

"这——"年轻人有些迟疑，"我想，也许人应该不断地尝试，不断地总结经验，寻找最适合自己的生存环境，而不应该刻板教条，更不应该执迷不悟。"

大师慈祥地笑了笑，说："那么，做人是应该像拙者那样，还是学巧者一般，做人的道理你懂了吗？"

"呃！"年轻人疑惑起来，"这个……"

"呵呵……"大师从容道，"其实做人之道正是如此，当你有了明确的目标，就要像拙者那样坚持下去，绝不可朝三暮四。如果在努力的过程中，发现了错误或不合适，就要像巧者那样及时改正，寻找新的、更适合自己的发展空间，切不可一味蛮干。"

告诉你的孩子

生活中没有一成不变的事物，做人也不可死板。一切都要靠你自己在实践中用心去摸索和体味。

靠自己走自己的路

乔治的父亲因病永远地离开了人世，而乔治只有 12 岁。父亲生前把乔治托付给了自己的好朋友汉顿先生。

"乔治，你父亲留了件东西给你！"汉顿先生说道。

"是什么？"乔治问道。

汉顿先生从怀里拿出了一封信。

当乔治打开信封的时候，父亲熟悉的笔迹展现在他面前：

"亲爱的乔治，这是封谁都不愿意写的信，但是我庆幸还有些时间来得及告诉你多少次我都忘了说的话，亲爱的儿子，我爱你！

你有一个富裕的家庭，不必像穷人家的孩子一样为了生活而忙碌，但我希望金钱带给你的不是懒惰。因为一旦没有钱，你将只剩下懒惰。

为了能让你有一个美好的未来，我送你去了学校，希望你可以受到良好的教育。这样做对你的一生都会有很重要的影响，让你知道自己的一生应该如何度过，自己应该成为一个什么样的人。但是我发现你还没有明白接受教育对你的意义。

请原谅父亲对你缺少关怀，因为我一直忙于生意，我这样做只是希望可以让你的生活更好，让你不必为了生活而四处奔波，可以不用面对风吹雨打。但事实是，每个人都得依靠自己。

我亲爱的乔治，你的妈妈很早就离开了，爸爸也不可能永远照顾你，所以你必须学会独立面对自己的人生。懒惰是非常可怕的东西，我希望你尽可能远离它，与勤奋为友，你的生活会充实而有意义。汉顿先生是一个值得信赖的朋友，他会为你提供尽可能的帮助。

还有很多的话想对你说，但是我要离开了！相信我亲爱的乔治可以勇敢真诚地面对自己，面对生活。爸爸永远在你身边注视着你！"

乔治的眼睛湿润了，整天忙碌的父亲其实一直在关心着自己的儿子。

"也许真的要好好检讨一下自己的行为了，不能让在天堂的父亲再失望。"乔治对自己说。

告诉你的孩子

每个人的路都要靠自己走，至亲至爱的人也不可能陪伴我们一生。因此，不能把希望都寄托在别人身上，过分地依赖父母和家庭。要学会独立，靠自己勤劳的双手去争取属于自己幸福。只有这样，你的人生才会更充实、更有意义。

第四章 "陪伴"能增进孩子的人生智慧

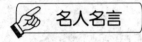

名人名言

智慧之于灵魂犹如健康之于身体。

——拉罗什富科

用行动证明你行

一个年轻人刚从军中退伍时，只有高中学历，无一技之长，只好到一家印刷厂担任送货员。

一天，这个年轻人将一整车四五十捆的书，送到某大学的七楼办公室。当他先把两三捆的书扛到电梯口等候时，一位50多岁的警卫走过来，说："这电梯是给教授、老师搭乘的，其他人一律都不准搭，你必须走楼梯！"

年轻人向警卫解释："我不是学生，我是要送一整车的书到七楼办公室。这是你们学校订的书啊！"可是警卫一脸无情地说："不行就是不行！你不是教授，不是老师，不准搭电梯！"两人在电梯口吵了半天，但警卫依然不予放行。年轻人心想，这一车的书，要搬完，至少要来回走七层楼梯 20 多趟，会累死人的！后来，年轻人无法忍受这无理的刁难，就心一横，把四五十捆书搬放在大厅角落，不顾一切地走人。

后来，年轻人向印刷厂老板解释事情原委，获得谅解，但也向老板辞职，并且立刻到书局买整套高中教材和参考书，含泪发誓，我一定要奋发图强，考上大学，我绝不再让别人瞧不起。

这个年轻人在联考前半年，天天闭门苦读，因为他知道，他的时间不多了，他已无退路可走。每当他偷懒、懈怠时，脑中就想起警卫不准他搭电梯那羞辱、歧视的一幕，也就打起精神，加倍努力用功。

后来，这个年轻人终于考上某大学医学院。如今，20 多年过去了，他成了一家开诊所的中年医生。后来，他静心一想，当时，要不是警卫无理刁难和歧视，自己怎能从屈辱中擦干眼泪、勇敢站起来？而那位被自己痛恨的警卫其实是他一生中的恩人。

告诉你的孩子

对于来自别人的歧视和嘲讽，要用行动来证明自己。从某种意义上讲，那些歧视、嘲讽你的人恰恰是你的恩人。

无法挽救时选择重新开始

一家大公司要招聘一名高级财务主管，竞争异常激烈。

公司副总在每名应聘者面前放下 1 个有溃烂斑点的苹果、一些指甲大的商标和一把水果刀。他要求应聘者们在 10 分钟内，对面前的苹果做出处理——即交上考试答案。

副总解释说，苹果代表公司形象，如何处理，没有特别要求。

10分钟后，所有应聘者都交上了"考卷"。

副总看完"考卷"后说："之所以没有考查精深的专业知识，是因为专业知识可以在今后的实践中学习。谁更精深，不能在这一瞬间做出判定。我们注重的是，面对复杂事物的反应能力和处理方式。"

副总拿起第一批苹果，这些苹果看起来完好无损，只是溃烂处已被贴上的商标所遮盖。副总说，任何公司缺点和错误都在所难免，就像苹果上的斑点，用商标把它遮住，遮住了错误却没有改正错误，一个小小的错误甚至会引发整体的溃烂。这批应聘者没有把改正公司的错误当成自己的责任，被淘汰了。

副总拿起第二批苹果，这些苹果的斑点被水果刀剜去，商标很随便地贴在各处。副总说，剜去溃烂处，这种做法是正确的。可是这样一剜，形象却被破坏了，这类应聘者可能认为只要改正了错误就万事大吉了，没考虑形象和公司的信誉度是公司发展的生命。

这时，副总的手里只剩下1个苹果了，这个苹果又红又圆，竟然完好无缺，上面也没什么商标，于是问："这是谁的答卷？"

一个应聘者站起来，"是我的。"

"它从哪儿来的？"

这个应聘者从口袋里掏出刚才副总发给他的那个苹果和一些商标，说："我刚才进来时，注意到公司门前有一个卖水果的摊子。当大家都在专心致志地修理手上的烂苹果时，我出去买了一个新苹果。10分钟足够我用的了。当一些事情无法挽救时，我选择重新开始。"

副总当即宣布："你被录用了！"

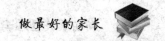

做最好的家长

告诉你的孩子

一位哲人说过：成功的人生，不在于拿到一副好牌，而在于考虑如何把手中的牌打好。但是，如果拿到了一手必输的烂牌，首先应该考虑的是，能否努力争取到重新发牌的机会。

别让机会从你的身边溜走

深海里，一只小鲨鱼长大了，开始和妈妈一起学习觅食。它逐渐学会了如何捕捉食物。

妈妈对它说："孩子，你长大了，应该离开我去独自生活。"鲨鱼是海底的王者，几乎没有任何生物能伤害它。虽然妈妈不在小鲨鱼的身边，但还是很放心。它相信，儿子凭借着优秀的捕食本领，一定能生活得很好。

几个月后，鲨鱼妈妈在一个小海沟里见到了小鲨鱼。它被儿子吓了一跳：小鲨鱼所在的海沟食物来源很丰富，它就是被鱼群吸引到这里的，小鲨鱼在这里应该变得强壮起来，可是它看上去却好像营养不良，很疲惫。

究竟出了什么问题呢？鲨鱼妈妈正要过去问小鲨鱼，却看见一群大马哈鱼游了过来，而小鲨鱼也来了精神，正准备捕食。

鲨鱼妈妈躲在一边，看着小鲨鱼隐蔽起来，等着大马哈鱼游进自己能够攻击到的范围。一条大马哈鱼先游过来，已经游到了小鲨鱼的嘴边，也丝毫没有感觉到危险。鲨鱼妈妈想，这下儿子一闭嘴就可以美餐一顿。可是出乎它意料的是，儿子连动也没有动。

两条、三条、四条……越来越多的大马哈鱼游近了，可是小鲨鱼却还是没有动，盯着远处剩下不多的更大的大马哈鱼。这个时候小鲨鱼急躁起来，凶狠地扑

157

了过去，可是距离太远，大马哈鱼们轻松摆脱了追击。

鲨鱼妈妈追上小鲨鱼问："为什么不在大马哈鱼到你嘴边的时候吃掉它们?"

小鲨鱼说："妈妈，你难道没有看到，我也许能得到更多。"

鲨鱼妈妈摇摇头说："不是这样的，欲望是无法满足的，但机会却不是总有。贪婪不会让你得到更多，甚至连原来能得到的也会失去。"

告诉你的孩子

五彩缤纷的生活中充满了各种各样的机会。有些机会是上天专门为你创设的。只要你好好把握，并紧紧抓住，就能为你所用，就能给自己带来更大的收益。但是机会也不要贪求太多，因为，只要能把握住应该属于自己的，就能做得很成功。否则，属于别人的机会没抓住，属于自己的机会也悄悄溜走了，只会给自己留下无尽的遗憾和悔恨。

有自己的目标

霍尔曼花了 50 年的时间游历全球，没有别的目的，只是为了了解那些地方。即使在拥有飞机和抗生素的今天，他的旅程也非常艰辛。但这位前海军军官说，旅途的景色异常精彩，虽然他是一个盲人。

霍尔曼从小就希望了解远处的人们有什么样的风俗和法律。12 岁时他就出门看世界，加入了海军。他本来是一个前途无量的皇家海军上尉，但 25 岁时，一场怪病夺去了他的视力。那时盲文还没被发明出来，盲人只能只身流浪，或沦为乞丐，或做一些不体面的活计。但这些皆非霍尔曼所愿。

为了治疗眼疾和疼痛难忍的风湿病，他独自前往法国南部。旅行途中，他惊奇地发现，身体感觉好多了，他意识到他不能中止旅行。虽然他的视力再也没能

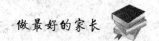
恢复，但是旅行时他感觉自己是健康的、有尊严的健全人。他说："用脚我能"看"得更清楚。"

1822 年 7 月 19 日，36 岁的詹姆斯·霍尔曼开始环游世界。

离开英格兰之后，霍尔曼要穿越俄国，进入冰冻而荒凉的西伯利亚。然后在堪察加半岛，他搭乘捕鲸船，先抵达夏威夷，然后到达尚未开垦的北美大陆。那时的世界还不适合旅行，动荡不安，人们过着悲惨的生活，没有铁路和客船。霍尔曼横穿了西伯利亚，踏上了澳大利亚内陆和巴西的雨林，爬上了正在喷发的维苏威火山，在斯里兰卡骑着马猎象，乘坐航行在大西洋上的运奴船。霍尔曼用一种叫盲人写字框的东西记下自己的印象和经历，写成了 3 本书和很多没出版的笔记。到 19 世纪中期，他已经成了历史上成就最大的旅行家。通过乘船、乘坐马车、步行甚至骑马，他的行程累计达 25 万英里，远远超过马可·波罗的 14 万英里。他的足迹遍及有人烟的各大洲，访问了数百种独特的文化。他曾经用 7 年的时间游历非洲各地、印度、太平天国时期的中国和澳大利亚。

告诉你的孩子

"有志者，事竟成。"有了明确的目标，在坚强决心和顽强意志的支撑下，一个人能够突破很多障碍，完成很多在一般人看来不可能的成就。

心在哪里成功就在哪里

有一位昆虫学家和他的商人朋友一起在公园里散步、聊天。忽然，他停住了脚步，好像听到了什么。"怎么啦？"他的商人朋友问他。昆虫学家惊喜地叫了起来："听到了吗？1 只蟋蟀在鸣叫，而且绝对是 1 只上品的大蟋蟀。"商人朋友很费劲地侧着耳朵听了好久。无可奈何地回答："我什么也没听到！""你等着！"

昆虫学家一边说，一边向附近的树林小跑了过去。不久，他便找到了1只大个头的蟋蟀，回来告诉他的朋友："看见没有？1只白牙紫金大翅蟋蟀。这可是1只大将级的蟋蟀哟！怎么样，我没有听错吧？""是的，您没有听错。"

商人莫名其妙地问昆虫学家："您不仅听出了蟋蟀的鸣叫，而且听出了蟋蟀的品种——可您是怎么听出来的呢？"昆虫学家回答："个头大的蟋蟀叫声缓慢，有时几个小时就叫两三声。小蟋蟀叫声频率快，叫得也勤。黑色、紫色、红色、黄色等各种颜色的蟋蟀叫声都各不相同，比如，黄蟋蟀的鸣叫声里带有金属声。所有鸣叫声只有极其细微，甚至言语难以形容的差别，你必须用心才能分辨得出来。"

他们一边说，一边离开了公园，走在马路边热闹的人行道上。忽然，商人停住了脚步，弯腰拾起一枚掉在地上的硬币。昆虫学家依然大步地向前走着，丝毫没有听见硬币的落地之声。

告诉你的孩子

你的心在哪里，你的成功就在哪里，你的财富就在哪里。昆虫学家的心在虫子们那里，所以他听得见蟋蟀的鸣叫。商人的心在钱那里，所以他听得见硬币的响声。

相信自己是最棒的

驯鹿和狼之间存在着一种非常独特的关系，它们在同一个地方出生，又一同奔跑在自然环境极为恶劣的旷野上。大多数时候，它们相安无事地在同一个地方活动，狼不骚扰鹿群，驯鹿也不害怕狼。

在这看似和平安闲的时候，狼会突然向鹿群发动袭击。驯鹿惊愕而迅速地逃窜，同时又聚成一群，以确保安全。

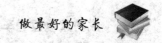

狼群早已盯准目标，在这追和逃的游戏里，会有 1 只狼冷不防地从斜刺里窜出，以迅雷不及掩耳之势抓破 1 只驯鹿的腿。

游戏结束了，没有 1 只驯鹿牺牲，狼也没有得到一点儿食物。

第二天，同样的一幕再次上演，依然从斜刺里冲出 1 只狼，依然抓伤那只已经受伤的驯鹿。

每次都是不同的狼从不同的地方窜出来做猎手，攻击的却只是那 1 只鹿。可怜的驯鹿旧伤未愈又添新伤，逐渐丧失大量的血和力气，更为严重的是它逐渐丧失了反抗的意志。当它越来越虚弱、已不会对狼构成威胁时，狼便群起而攻之，美美地饱餐一顿。

其实，狼是无法对驯鹿构成威胁的，因为身材高大的驯鹿可以一蹄把身材矮小的狼踢死或踢伤，可为什么到最后驯鹿却成了狼的腹中之食呢？

狼是绝顶聪明的，它一次次抓伤同一只驯鹿，让那只驯鹿一次次被失败击得信心全无，到最后它完全崩溃了，已忘了自己其实是个强者，忘了自己还有反抗的能力。当狼群攻击它时，它已没有勇气奋力拼搏了。

真正打败驯鹿的是它自己，它的敌人不是凶残的狼，而是自己脆弱的心灵。

告诉你的孩子

相信自己是最好的，相信自己是最棒的，相信自己是最优秀的。无论面对多么强大的对手，都不要轻言放弃。即使最后你失败了，但是只要你努力地去做了，你就会无怨无悔。

放弃也是一种智慧

电视上有一个娱乐节目，内容就是数钞票比赛。

主持人拿出一大叠钞票，这一大叠钞票里面，有大小不一的各类面额，按不同顺序杂乱重叠着，在规定的 3 分钟内，让现场选拔的 4 名观众进行点钞比赛。这 4 名参赛的观众中，谁数得最多，数目又最准确，那么，他就可以获得自己刚刚数得的现金。

主持人将游戏规则一宣布，顿时引起全场轰动。在 3 分钟内，不说数几万，应该也能数出几千来吧。在短短的几分钟内，就能获得几千块钱的奖励，能不叫人大受刺激和备加兴奋吗？

游戏开始了，4 个人开始埋头"沙沙沙"地数起了钞票。当然，在这 3 分钟内，主持人是不会让你安心点钞的，他拿着话筒，轮流给参赛者出脑筋急转弯的题目，来打断他们的正常思路，并且，必须答对题目才能接着往下数。几轮下来，时间就到了，4 位参赛观众手里各拿了厚薄不一的一把钞票。主持人拿出一支笔，让他们写出刚才所数钞票的金额。

第 1 位 3472 元；第 2 位 5836 元；第 3 位，也数出了 4889 元的好成绩；而第 4 位只数出区区 500 元。4 个观众所数钞票的金额，相差甚远。当主持人报出这 4 组数字的时候，台下顿时一片哄笑声，他们都不理解，第 4 位观众为什么会数得那么少呢？

这时，主持人开始当场验证刚才所数金额的准确性。众目睽睽之下，主持人把 4 名参赛观众所数的钞票重数了一遍，正确的结果分别是：3372、5831、4879、500。也就是说，前 3 名数得多的参赛观众，分别多计了 100 元、5 元、10 元，距离正确金额，都只是一"票"之差。只有数得最少的第 4 位，才完全正确。

按游戏规则，那么也只有第 4 名观众才能获得 500 元奖金，而其他的 3 名参赛观众，都只是紧张地做了 3 分钟的无用功。

得到这样出乎意料的结果，台下的观众先是沉默，继而爆发出热烈的掌声。

这时，主持人拿着话筒，很郑重地告诉大家一个秘密：自从这档娱乐节目开

办以来，在这项角逐中，所有参赛者所得的最高奖金，从来没人能超过 1000 元。

告诉你的孩子

有时，聪明的放弃其实就是经营人生的一种策略，也是人生的一种大智慧。不过，它需要更大的勇气和睿智。

不听别人的片面之词

"下面的情形如何？"老海象端坐在海边的一块巨岩上大声发问，他期待听到好消息。

岩石下的一群小海象嘀咕了一会儿，事情一点都不妙，但没有哪只海象愿意告诉这位老祖宗真相。它是海象群中年龄最大也最聪明的，饱经沧桑，深谙世故。它们不愿让他失望，或令它处于尴尬境地。

"我们该告诉他些什么呢？"小海象的带队人巴齐尔想。他依然记得上一次当小海象没有完成捕获鲱鱼定额的时候，老海象大声咆哮的情景。它不想再经历一回那样的噩梦。可是，附近海湾的水位在过去几周内不断下降，要想捉到更多的鲱鱼，就必须离开现在的地方。这种情形应该让老海象知道。可是谁来告诉它呢？又用什么办法告诉呢？

巴齐尔最后一咬牙说："一切都很正常，头儿。"不断退后的海水让他心情很沉重，但它还是继续说："依我们看，海滩好像在扩大。"

老海象满意地说："好，好。这会给我们带来更大的生存空间。"它闭上眼，继续悠闲地晒着太阳。

第二天，情况变得更加不妙。一个新的海象群正向这块海滨进发，由于鲱鱼已经发生了短缺，它们的入侵显得格外具有威胁性。没人敢把这一险情通报给老海象，虽说只有它才能采取必要的措施迎击挑战。

巴齐尔走到老海象跟前，奉承了几句话之后，小心翼翼地说："噢，头儿，忘了告诉你，一群新的海象闯到我们这儿来了。"

老海象倏地把眼睛睁开，深吸了一口气正准备咆哮。巴齐尔赶忙又说："当然，我们不认为这有什么问题。他们看上去不像是以鲱鱼为食的，而是贪吃那些小鱼。而您知道，我们是不碰那些玩意儿的。"老海象徐徐吐出一口长气。"好，好。那么，我们没有什么可担心的，对吗？"

在接下来的几周内，形势越来越糟。一天，从岩石上望下去，老海象注意到一些小海象似乎消失了。它把巴齐尔叫来，怒气冲冲地问："怎么回事，巴齐尔，那些小子们哪去了？"

可怜的巴齐尔没有勇气告诉老海象，许多年轻的海象已经离开自己的群体，加盟到那群新海象当中。他清了清嗓子，对老海象说："头儿，是这样的，我们加强了纪律性。你知道，这是为了吐故纳新。毕竟，我们的队伍必须保持纯洁。"

老海象咕哝道："我总是说，玉不琢，不成器。如果一切正常就好。"

又过了一些时候，除了巴齐尔自己，他所有的部下都投奔到新的海象群中。巴齐尔意识到他必须明确告诉老海象所发生的一切了。尽管十分害怕，但他还是下定决心走到岩石上，对老海象说："头儿，我要告诉你一个坏消息，所有的海象都离开你了。"

老海象惊呆了，甚至都忘记了大发雷霆。"离开了我，所有的海象？为什么，这一切究竟是怎么发生的？"

巴齐尔还是不敢说出所有的事实，所以他只是耸了耸肩。

"我不明白，"老海象喃喃地说，"原来一切不是都很正常吗？"

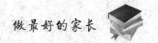

告诉你的孩子

不要听信别人的片面之词，要进行深入、细致的调查研究，努力掌握第一手资料，才能做出正确的判断，避免决策的重大失误。

战胜自己才能战胜别人

波恩和嘉琳是对孪生兄弟。在一次火灾事故中，消防员从废墟里找出了兄弟俩，他们俩是火灾中仅存的人。

兄弟俩被送往当地的一家医院，虽然两人死里逃生，但大火已把他俩烧得面目全非。"多么帅的两个小伙子！"医生为兄弟俩惋惜。波恩整天对着医生唉声叹气：自己成了这个样子以后还怎么出去见人，还怎么养活自己？波恩对生活失去了信心，再没有了活下去的念头，总是自暴自弃地说："与其赖活还不如死了算了。"嘉琳努力地劝波恩："这次大火只有我们俩得救了，我们的生命显得尤为珍贵，我们的生活最有意义。"

兄弟俩出院后，波恩还是忍受不住别人的讥讽偷偷地服了50片安眠药离开了人世。嘉琳却艰难地生存了下来，无论遇到多大的冷嘲热讽，他都咬紧牙关挺了过来。嘉琳一次次地提醒自己："我生命的价值比谁都高。"

一天，嘉琳还是像往常一样送一车棉絮去加州。天空下着雨，路很滑，嘉琳开得很慢。此时，嘉琳突然发现不远处的桥上站着一个人，心事重重的样子。嘉琳紧急刹车，车滑进了路边的一条小沟。嘉琳还没有靠近那人，那人就已经跳下了河。嘉琳奋不顾身救起那人，没想到那人被他救起后又连续跳了3次，直到嘉琳自己差点被大水吞没。

后来嘉琳才知道自己救的竟是位富翁，富翁为了感激嘉琳，和嘉琳一起干起了事业。嘉琳从一个积蓄不足 10 万元的司机，凭着自己的诚心经营发展成了一个 3.2 亿元资产的运输公司。几年后医术发达了，嘉琳用自己挣来的钱修整好了自己的面容。

告诉你的孩子

我们常说人在逆境中首先要战胜的不是别人而是自己，战胜了自己也就战胜了别人。我们在最困难的时候战胜了自己，就能顶住外来的压力，成就自己。

天资不能决定你的一生

一个铁块的最佳用途是什么呢?

一个是半生不熟的铁匠，他没有提高技艺的雄心壮志，他觉得这个铁块的最佳用途莫过于把它制成马掌，他为此自鸣得意。

他认为这个粗铁块每磅只值两三分钱，所以不值得花太多时间和精力去加工它，他强健的肌肉和粗浅的技术已经把这块铁的价值从 1 美元提高到 10 美元了。

这时来了一个磨刀匠，他受过一点更好的训练，有一点雄心和眼光，他对铁匠说:"这就是你在那块铁里见到的一切吗? 给我一块铁，我来告诉你，头脑、技艺和辛劳能把它变成什么。"

于是，铁被熔化掉，碳化成钢，然后被取出来，经过锻冶，加热到白热状态，然后投入到冷水或石油中以增强韧度，最后细致耐心地进行压磨抛光。当这项工作一完成，磨刀匠竟然制成了价值 2000 美元的刀片，这让那个铁匠惊讶万分。

"如果你做不出更好的产品，那么能做成刀片也已经相当不错了。"第三个工匠看了磨刀匠的出色成果后，说:"但是这块铁的价值你连一半都还没挖掘出来，我知道它还有更好的用途。我研究过铁，知道它里面藏着什么，知道能用它做出什么来。"

这个匠人的技艺精湛，眼光独到，他受过更好的训练，有更高的理想和卓越的意志力，他能更深入地看到这块铁的分子——不再局限于马掌和刀片——他用显微镜般精确的双眼把生铁变成了最精致的绣花针。制作肉眼看不见的针头，需要比磨刀匠有更精细的工序和更高超的技艺。

这位工匠认为他的成果精彩绝伦。他已经使磨刀匠的产品的价值翻了数倍，他认为他已经榨尽了这块铁的价值。

这时，又来了一个技艺更高超的工匠，他的头脑更发达，手艺更精湛，更有耐心，受过顶级训练，他对马掌、刀片、绣花针看都没看，他竟然制作出了精细的钟表发条。

别人眼里看到的是价值仅仅几千美元的刀片或绣花针，而他那双犀利的眼睛却看到了价值 10 万美元的产品。

然而，故事还没有结束，又一个更出色的工匠出现了。

他告诉另外几个工匠，这块生铁还没有物尽其用，而他所拥有的神奇的能量能用它创造出更大的奇迹。

在他眼里，即使钟表发条也称不上上乘之作。他知道用这种生铁可以制成一种弹性物质，而一般粗通冶金学的人是无能为力的。他知道如果锻冶时再细心一些，它就不再坚硬锋利，而会变成一种特殊的金属，富含许多新的品质，似乎充满了生命力。

于是，他采用了许多精加工和细致锻冶的工序，成功地把他的产品变成了几乎看不见的精细的游丝圈。

一番艰辛劳苦之后，他梦想成真，把仅值 1 美元的铁块变成了价值 100 万美元的产品，这比同样重量的黄金还要昂贵很多。

但是，还有一个工人，他的工艺精妙得可谓登峰造极，他的产品鲜为人知，他的技艺也从未被任何字典和百科全书的编纂者提及过。

他拿来一块铁，在精雕细刻之下所呈现出的东西使钟表发条和游丝圈都黯然失色。

他的大作完成之后，比过了牙医常用来钩出最细微牙神经的细致钩状物。

1 磅黄金大约值 250 美元，而 1 磅这种柔细的带钩钢丝要比黄金贵重几百倍。

告诉你的孩子

一个人天生的资质可能并不是太好，但是每一个人的潜力都是无限的。只要我们充分挖掘，善加利用，就一定能够做出使自己吃惊的成绩。

行动乃是机会之母

某广告公司以非常优厚的薪水招聘设计主管，求职者甚众。几经考核，10 位优秀者脱颖而出，汇聚到了总经理办公室，进行最后一轮角逐。

总经理指着办公室里两个并排放置的高大铁柜，为应聘者出了考题——请回去设计一个最佳方案：不搬动外边的铁柜，不借助外援，使一个普通的员工能把里面那个铁柜搬出办公室。望着据总经理称每个起码能有 500 多斤重的铁柜，10 位精于广告设计的应聘者先是面面相觑，不知总经理为何出此怪题。再看总经理那一脸的认真，他们意识到了眼前考题的难度，又仔细地打量了一番那个纹丝不动的铁柜。毫无疑问，他们感觉到这是一道非常棘手的难题。

3 天后，9 位应聘者交上了自己绞尽脑汁的设计方案。有的利用杠杆原理，有的利用滑轮技术，还有的提出分割设想……但总经理对这些似乎很有道理的设计方案根本不在意，只随手翻翻，便放到了一边。这时，第 10 位应聘者两手空空地进来了，她是一个看似很弱小的女孩。只见她径直走到里面那个铁柜跟前，轻轻一拽柜门上的拉手，那个铁柜竟被拉了出来——原来里面的那个柜子是超轻化工材料做的，只是外面喷涂了一层与其他铁柜一模一样的铁漆，其重量不过几十斤，她很轻松地就将其搬出了办公室。

这时，总经理微笑着对众人道："大家看到了，这位女士设计的方案才是最佳的——她懂得，再好的设计最后都要落实到行动上。"

最后，这位女士说出了自己的心中感言："当时，那9位落选的应聘者都心悦诚服地向我祝贺，因为通过这次考核，他们真切地明白了，成功的原因只有一个，那就是懂得行动远远大于思想。"

告诉你的孩子

人有自由在于人有主动性，人有主动性在于人能验证多种可能性。假如你什么也不尝试，你就不会真正知道自己是什么，也不会知道自己到底要什么。所以有这样一句名言倒是很值得一记：举枪—瞄准—射击。不要犹豫，不要等待，先做了再说。一切机会全从行动中来，从动态发展中来。人们常常抱怨自己缺少机会，记住，行动乃机会之母。

第五章 "陪伴"能让孩子具备良好的品质

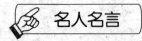

孩子的心灵犹如白纸一样纯洁，既容易受真善美的熏陶，也容易受假丑恶的污染。

——张于义

感谢生活

一个男孩子，他的父母离异了。家庭的变故使他变得郁郁寡欢，不但学习成绩下降，还动不动对同学发脾气，也许是为了平衡自己内心的混乱。每天吃完晚饭他都一个人在操场上转圈，一圈又一圈。谁都知道他的痛苦，可是没有人能够安慰他。就在这个时候，班里一个并不起眼的同学杰出现在他的身边。于是，在学校的操场上经常看到两个并肩而行的身影。就这样，又过了一段时间，这个同学完全从父母离婚的阴影中走了出来。就在前不久的一次同学聚会上，当同学们提起这段往事的时候，杰微笑着说："其实没什么神秘的，你们并不知道，我父母在我上中学的时候就离婚了。在那段痛苦的日子里，我发奋学习，结果考上了大学。回首那段生活，我发现自己成熟了，独立了，坚强了。我只不过是把自己的这段经历告诉了他而已。"这样的答案令人吃惊，因为整整四年全班同学没有谁知道杰的身世，而且，他还一直生活得那么快乐、豁达。杰说，经历了不如意，他学会了感谢生活。因为正是那段家庭的变故才成就了今天的他。

告诉你的孩子

我们需要感谢生活吗？在生活中，很多人会自觉或不自觉地问起这个问题，尤其当我们面对生活中的种种不如意的时候。当好运来临的时候，我们都会感谢生活；可是，当生活不尽如人意的时候，我们大多数人会抱怨生活。但是，生活常常不会因我们的抱怨而变得美好起来，有的时候，还会因为我们的抱怨而变得更加糟糕。

拥有一颗善良的心

一天早晨，一个农人挑了一担菜进城去卖。在街上，农人拾到一叠钱。他点了一下，共有 15 张。

回家后，农人把这 15 张钱交给他母亲。他母亲说："孩子，人家丢了钱，一定很着急，我们怎么能要人家的钱呢？赶快送还失主，说不定人家正找得着急呢！"这位农人按照母亲的吩咐，赶回拾钱的地方，等待失主来领。

在前面不远处，农人发现有一个人好像低着头在地上寻找什么东西，便连忙上前问他："老弟，你丢了钱吧？我拾到了，现在还给你吧。"不等那人回答，农人便将 15 张钱全都给了那人。这时，有一些人围了上来，见此情景，有人提出，失主应给些赏钱给农人。不料，这个人却十分吝啬地说："我丢失的原本是

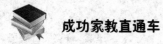

30 张钱，现在才找回来一半，我怎么能再分一些赏给他呢？"

农人觉得那人太不讲理，自己如数将钱归还给他，他不但不谢，反而有诬蔑自己贪了一半儿的意思。农人实在气愤不过，便跟那人争吵起来。两人互相扭着来到县衙门的堂上。他们各自向县令叙说事情的缘由。

县令听后，心里已有几分底了。他对那领钱人的行为感到十分生气。县令派人将农人的母亲叫来，当面对质核实，证明农人说的情况属实。接着，县令让农人和那个领钱人各自具状。

于是他们分别写道："拾钱人的确是拾到 15 张钱钞"；"丢钱人确实是丢失了 30 张钱钞"。县令将两张状纸捏在手上，对失主说："你丢的是 30 张钱钞，而他拾到的是 15 张钱钞，可见这钱不是你的钱，而是上天赐给这位贤良母亲的养老钱。假若他拾到的是 30 张，那就是你的了。你还是到别的地方去找你的钱吧！"那人撒谎，自觉理亏，便也不敢再做狡辩，灰溜溜地离开了县衙。于是，县令把 15 张钱钞交给农人的母亲，说："你是位贤德的母亲，这钱就归你了！"

人们听说了，都拍手叫好。

告诉你的孩子

每个人都应该有一颗善良的心，随时准备帮助别人，不图回报。如果接受了别人的帮助，要充满感激并铭记于心。

谦虚赢得尊重

从前，世界上没有鸟类。百鸟王和王后生养了百鸟，八哥公主和孔雀王子都是它们的儿女，不过它们的羽毛都不是现在这个样子。

一天，百鸟王把儿女都叫到身边，对它们说："孩子们，你们都一天天地长

172

大了，我也一天天地老了。你们每人都可以从我这里领取一样宝物，或者学到一样本领。"

百鸟王的儿女们都十分兴奋。它们依次走到父王和王后身边，或领取一样宝物，或学一样本领。老鹰学会了捕兽，鱼鹰学会了捕鱼，百灵学会了唱歌，黄莺得到了一副好嗓子……最后，百鸟王只剩下一样宝物和一样绝技了，还有一件黑色衣裙，它根本称不上什么宝物。那件宝物是宝石般的羽衣，那样绝技是善讲人言的本领。没有得到宝物和绝技的只剩下八哥公主和孔雀王子了。

百鸟王对孔雀王子和八哥公主说："孩子们，谁要是得到宝石羽衣，谁就可以继承我的王位；谁要是学到讲人言的本领，谁就担任鸟类和人类交往的使者，但是只能披那件黑衣服。"

孔雀王子和八哥公主为难了，谁先挑呢？公主和王子平日十分友爱，怎能为这事争先呢？

八哥公主说："哥，你先挑吧！"

孔雀王子说："妹，你先挑吧！"

八哥公主想来想去说："好的！"她绕过宝石羽衣，拿起那件根本称不上宝物的黑色衣裙披在身上。黑色衣裙立刻变成了黑色的羽毛，她向百鸟王学到了讲人话的本领。

百鸟都惊呆了。孔雀王子冲过去抓住八哥公主的手说："我的好妹妹，这件宝石羽衣本该是你的呀，你为什么不要呢？"

八哥公主说："哥，你的本事比我大，应该继承父王的位置，当百鸟之王。"

百鸟王死了，孔雀王子继承父位当了百鸟王。新百鸟王派八哥公主担任鸟类和人类之间交往的使者。

人们都很喜爱善解人意的八哥，因为她有一身黑色的羽毛，人们都亲切地叫她"黛翎公主"。

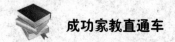
告诉你的孩子

谦让可能会让你损失自己的一部分利益，但能谦让的人无疑是伟大的。他们在损失自身利益的同时，却获得了人们的尊敬和欢迎。

品德之美

一位哲学家带着一群学生去漫游世界，十年间，他们游历了所有的国家，拜访了所有有学问的人，现在他们回来了，个个满腹经纶。

在进城之前，哲学家在郊外的一片草地上坐了下来，说："十年游历，你们都已是饱学之士，现在学业就要结束了，我们上最后的一课吧！"

弟子们围着哲学家坐了下来。哲学家问："现在我们坐在什么地方？"弟子们答："现在我们坐在旷野里。"哲学家又问："旷野里长着什么？"弟子们说："杂草。"

哲学家说："对，旷野里长满杂草。现在我想知道的是如何除掉这些杂草。"弟子们非常惊愕，他们都没有想到，一直在探讨人生奥妙的哲学家，最后一课竟是这么简单的一个问题。

一个弟子首先开口。说："老师，只要有铲子就够了。"哲学家点点头。另一个弟子接着说："用火烧也是很好的一种办法。"哲学家微笑了一下，示意下一位。第三个弟子说："撒上石灰就会除掉所有的杂草。"接着讲的是第四个弟子，他说："斩草除根，只要把根挖出来就行了。"

等弟子们都讲完了，哲学家站了起来，说，"课就上到这里了，你们回去后，按照各自的方法去除掉杂草。一年后，再来相聚。"

一年后他们都来了，不过原来相聚的地方已不再是杂草丛生，它变成了一片

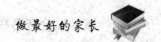

长满谷子的庄稼地。弟子们围着谷地坐下，等待哲学家的到来，可是哲学家始终没有来。

若干年后，哲学家去世了。弟子们在整理他的言论时，私自在最后补了一章：要想除掉旷野里的杂草，方法只有一种，那就是在上面种上庄稼。同样，要想让灵魂无纷扰，唯一的方法就是用美德去占据它。

试想那些弟子们的人生如果缺了这最后一课，即使学富五车又有多少意义。

告诉你的孩子

良好的品德能够创造财富。

懂得和他人分享

唐僧、孙悟空、猪八戒、沙和尚一起到西天取经。有一天，天热极了，他们走得又累又渴。孙悟空说："你们在这儿歇一会儿，我去摘点儿水果来给大家解解渴。"猪八戒连忙说："我也去，我也去！"他想跟着孙悟空去，能早点儿吃到水果，还可以多吃几个。

猪八戒跟着孙悟空，走呀，走呀，走了许多路，连个小酸梨也没找着。他心里不高兴了，就哎哟哎哟地叫起来。

"你怎么了，八戒？"

"我肚子疼，走不动了。你摘了水果，可别一个人吃了。"

孙悟空知道猪八戒偷懒，不去理他，就一个跟头到南海去摘水果了。

再说猪八戒，找了个树荫，正想睡一觉，忽然看见山脚下有一个绿油油的东西，走过去一看，哈哈，原来是个大西瓜！他高兴极了，把西瓜一切四块，自言自语地说："第一块，请师父吃；第二块请孙悟空吃；第三块请沙和尚吃；第四块，嗯，这是我的。"他张开大嘴巴，几口就把这块西瓜吃了。

"西瓜一块不够吃，我把孙悟空的一块吃了吧。"他又吃了一块。

"西瓜真解渴，再吃一块不算多，我把沙和尚的一块也吃了吧。"他又吃了一块。这下只留下唐僧的一块了。他捧起来，又放下去，放下去，又捧起来，最后还是憋不住，把这块西瓜也吃了。

"八戒，八戒！"

猪八戒一听，是孙悟空在叫他呢。原来孙悟空在南海摘了蜜桃、甜枣、玉梨回来，正好看见猪八戒在切西瓜，就在云头上偷偷地瞧着呢。

"八戒，八戒，你在哪里？"

猪八戒慌了，心想，我找到大西瓜自己吃了，要是让孙悟空知道，告诉师父，这就糟了。他连忙拾起四块西瓜皮，把它们扔得远远的，这才回答说："我，我在这儿呢！"孙悟空说："我摘了些果子，咱们回去一起吃吧。"猪八戒说："好的，好的。"八戒刚走了几步，就摔了跤，脸都跌肿了。他低头一看，原来是踩在自己刚才扔的西瓜皮上了。孙悟空说："是哪个懒家伙把西瓜皮乱丢，害得八戒摔了一跤！"

"哎，哎，不要紧，没摔痛！"

八戒和孙悟空又往前走了，"啪嗒"一下，八戒又摔了一跤。孙悟空说："哎呀，又是哪个懒家伙偷吃了西瓜，把西瓜皮乱丢。"

八戒心想：怎么又碰上一块，真倒霉！可要小心点儿。他刚想到这儿，忽然脚下一滑，又跌了一跤。孙悟空哈哈大笑，说："八戒！你今天怎么尽摔跤？"八戒的脸越涨越红，一句话也讲不出。总算走到了休息的地方，八戒心想：一路上摔了三跤，摔得我好苦啊。"啪嗒"，又是一下，八戒重重地摔在地上，再也爬不起来了。

唐僧、沙和尚看见八戒脸上青一块、紫一块，肿了一大半，显得更加胖了，

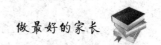

就问他是怎么回事。八戒结结巴巴地说："我不该一个人吃了一个大西瓜，这一路上摔了四跤。"说得大家都笑了起来。

告诉你的孩子

有了好东西要跟别人分享，这样才不会像猪八戒一样摔跟头。

保持平和的心态

金字塔的建造者不是奴隶，而是一批欢快的自由人！

第一个做出这种推断的是瑞士钟表匠塔·布克。1560 年，他游历埃及时，便做出了这种推断。

2003 年，埃及最高文物委员会宣布，通过对吉萨附近 600 处墓葬的发掘考证，金字塔是由当地具有自由身份的农民和手工业者建造的，而非希罗多德在《历史》中所记载的，由 30 万奴隶所建造。

在 400 年前，一个钟表匠为什么一眼就看出金字塔是自由人建造的呢？埃及国家博物馆馆长多玛斯对这位钟表匠产生了兴趣，他想知道这个人到底是凭什么作出那种预言的。塔·布克原是法国的一名天主教信徒。1536 年，因反对罗马教廷的刻板教规，被捕入狱。由于他是一位钟表大师，入狱后被安排制作钟表。他发现无论狱方采取什么手段，都不能使自己制作出日误差低于 1/10 秒的钟表。可是，他在自己的作坊里，却能使钟表的误差低于 1/100 秒。为什么会出现这种情况？

多玛斯在塔·布克的资料中发现了这么两段话："一个钟表匠在不满和愤懑中，要想圆满地完成制作钟表的 1200 道工序，是不可能的；在对抗和憎恨中，要精确地磨锉出一块钟表所需要的 254 个零件，更是比登天还难。""金字塔这么大的工程，被建造得那么精细，各个环节被衔接得那么天衣无缝，建造者必定是一批怀有虔诚之心的自由人。真难想象，一群有懈怠行为和对抗思想的人，能让金字塔的巨石之间连一片刀片都插不进去。"

告诉你的孩子

人的能力惟有在身心和谐的情况下，才能发挥到最佳水平。因此，为了把事情做得更好，我们在日常生活中，要注意经常保持平和的心态。

做事要有责任心

克洛里是纽约泰勒木材公司的推销员，多少年来，他总是明确指出那些脾气大的木材检验人员的错误，他也赢得了好评，可是一点好处也没有。"因为那些检验员和棒球裁判一样，一旦裁决下去，决不肯再改。"克洛里说。

克洛里看出，他虽在口舌上获胜，却使公司损失了成千上万的金钱，因此，他决定改变技巧，不再抬杠了。他自述了改变后的效果：

"有一天早上，我办公室的电话响了，一位愤怒的主顾在电话那头抱怨我们运去的一车木材完全不合乎他们的规格。他的公司已经下令停止卸货，请我们立刻安排把木材搬回去。在木材卸下 1/4 车后，他们的木材检验员报告说，55% 不合规格，在这种情况下他们拒绝接受。

"我立刻动身到对方的工厂去。途中，我一直在寻找一个解决问题的最佳办法。一般在那种情况下，我会以我的工作经验和知识来说服对方的检验员，那批木材符合标准。然而，我又想，还是把学到的做人处世原则运用一番看看。

"我到了工厂，发现科主任和检验员闷闷不乐，一副等着抬杠吵架的姿态。我们走到卸货的卡车前，我要求他们继续卸货，让我看看情形如何。我请检验员

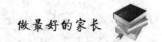

继续把不合格的木料挑出来，把合格的放到另一堆。

"看着他工作的进程，我才知道，原来他的检查太严格，而且也把检验规则弄错了。那批木料是白松，虽然我知道那位检验员对硬木的知识很丰富，但检验白松却不够格，经验也不多。白松碰巧是我内行的。但我要对检验员评定白松的方式提出反对意见吗？不行。我继续观看，慢慢地开始问他某些木料不合乎标准的理由何在。我一点也没有暗示他检查错了。我强调，我请教他，只是希望以后送货时，能确实满足他们公司的要求。

"以一种非常友好而合作的语气请教他，并且坚持要他把不满意的部分挑出来，这使他高兴起来，于是我们之间剑拔弩张的气氛开始松弛了。偶尔我也小心地提几句，让他自己觉得有些不能接受的木料可能是合乎规格的，也使他觉得他们的价格只能要求这种货色。但是，我非常小心，不让他认为我有意难为他。

"渐渐地，他的整个态度改观了。最后他坦白承认，他对白松木的经验不多，并且向我询问车上搬下来的白松板的问题。我就对他解释为什么那些松板都合乎检验规格。而且仍然坚持，如果他还认为不合用，我们不要他收下。他终于到了每挑出一块不合用的木材，就有罪恶感的地步。最后他指出，错误是在他们自己没有明确指出它们所需要的木材是多少等级。

"最后的结果是，他重新把卸下的木料检验一遍，全部接受，于是我们收到一张全额支票。"

告诉你的孩子

责任心是做人、成事的基础，因为有责任心的人，首先要有一定的道德水准，否则他也不可能对事情负责任。责任心也是做事情的标准之一，没有责任心就不可能认真去做事。

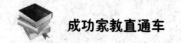

在别人需要帮助的时候伸出援助之手

很多年前一个暴风雨的晚上，有一对老夫妇走进旅馆的大厅要求订房。

"很抱歉，"柜台里的人回答说，"我们饭店已经被参加会议的团体包下了。往常碰到这种情况，我们都会把客人介绍到另一家饭店。可是这次很不凑巧，据我所知，另一家饭店也客满了。"

他停了一会儿，接着说："在这样的晚上，我实在不敢想象你们离开这里却又投宿无门的处境。如果你们不嫌弃，可以在我的房间住一晚，虽然不是什么豪华套房，却十分干净。我今晚就待在这里完成手边的订房工作，反正晚班督察员今晚是不会来了。"

这对老夫妇因为造成柜台服务员的不便，显得十分不好意思，但是他们谦和有礼地接受了服务员的好意。第二天早上，当老先生下楼来付住宿费时，这位服务员依然在当班，但他婉拒道："我的房间是免费借给你们住的，我全天候待在这里，已经赚取了很多额外的钟点费，那个房间的费用本来就包含在内了。"

老先生说："你这样的员工，是每个旅馆老板梦寐以求的，也许有一天我会为你盖一座旅馆。"

年轻的柜台服务员听后笑了笑，他明白老夫妇的好心，但他只当那是个笑话。

又过了好几年，那个柜台服务员依然在同样的地方上班。有一天他收到老先生的来信，信中清晰地叙述了他对那个暴风雨夜的记忆。老先生邀请柜台服务员到纽约去拜访他，并附上了来回机票。

几天之后，服务员来到了曼哈顿，于坐落在第五大道和三十四街间的豪华建筑物前见到了老先生。

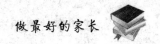

老先生指着眼前的大楼解释道："这就是我专门为你建的饭店。我以前曾经提过，你还记得吗？"

"您在开玩笑吧！"服务员不敢相信地说，"都把我搞糊涂了！为什么是我，您到底是什么身份呢？"年轻的服务员显得很慌乱，说话略带口吃。

老先生很温和地微笑着说："我的名字叫威廉·渥道夫·爱斯特。这其中并没有什么阴谋，因为我认为你是经营这家饭店的最佳人选。"

这家饭店就是著名的渥道夫·爱斯特莉亚饭店的前身，而这个年轻人就是乔治·伯特，他成为这家饭店的第一任经理。

告诉你的孩子

在别人需要帮助的时候提供帮助，是一种高尚的品德。很多时候，帮助别人也是在帮助自己。

错怪别人以后要真诚道歉

杰克和汤姆曾经是好朋友，有一次他们合伙做卖米的生意。

在他们居住的那条街上分布着许多米店，大多数店主把米放在外面，晚上找人看守。他们也和那些店主一样把米堆在商店外面。

可是有一天早上他们起来后发现米少了许多。杰克记得晚上汤姆起了好几次夜，他怀疑很可能是汤姆把米转移到其他地方，想独吞，因此心中大为不悦。而汤姆说他没有看见那些米，杰克不相信，两人吵了起来。汤姆忍无可忍，动手打了杰克，杰克毫不示弱也狠狠还击，打得汤姆鼻青脸肿。从此他们成为仇人，不再往来。

第三天杰克要到附近的一个小镇去做生意。一大早推开门发现门口放着一个陶罐，罐里装着几根骨头。按照当地风俗这是不吉利的象征，很晦气。杰克想肯定是汤姆诅咒他生意落败故意放在他家门口的。他非常生气地将陶罐扔到花园里，就出门了。结果那天他的生意很不好，不但没有赚到钱反而亏了不少本。回到家中他给院子里的花松土施肥时。无意中看到那个陶罐，想把它砸碎出气，又觉得很可惜，就顺便移了几株快死的花进去。

过了几天他从外边做生意回来，赚了不少钱，他很高兴地伺弄花草时惊喜地发现，陶罐里开满了鲜花。这让他很高兴，没想到用来出气的陶罐竟给他带来了意想不到的欢乐。看着这些鲜花，他开始为自己狭隘的心胸感到脸红，觉得自己当初不应该迁怒于汤姆，应该心平气和地向他解释。他决定主动向汤姆道歉。

在去汤姆家的路上遇到他的邻居，邻居问他说，前一段时间自家的小孩夜里在外面玩，把一个准备泡药的陶罐和一副兽骨药给弄丢了，不知杰克看见没有。杰克回家找到陶罐和扔在院子里的兽骨还给了邻居。奇怪的是当他把东西还给邻居时，邻居反而给了他几袋米。

原来就在杰克和汤姆把米放在外面的那天夜里，有人要买杰克邻居家的米，黑暗中邻居错把杰克和汤姆的米卖了，等第二天发现时，买主已不知去向。邻居找杰克时杰克已到外地去了，后来就把这件事给忘了。杰克觉得自己错怪了汤姆，他带上从陶罐里采摘的鲜花到汤姆家表示真诚的道歉。

后来他们重新成为了朋友，感情比以前更好了。

告诉你的孩子

人与人之间避免不了因互相误解而使友谊和感情受伤破裂，因而导致仇恨。最好的方式是将这种仇恨栽培成一盆鲜花，带上你的真诚，主动去承认自己的错误，请求原谅，让友谊之花永远的盛开下去。

经历挫折与失败后仍坚持不懈

肯德基的创始人哈伦德原本像其他孩子一样生活在一个虽不富裕但是却很幸福的家庭中，父母对他十分疼爱。但是不幸的是在他刚刚 5 岁的时候父亲就在一次意外中离开了人世，而母亲在不久之后因为不堪生活的重负也改嫁他人。小小年纪的哈伦德从此以后就没有人照顾了，13 岁他就辍学开始到处流浪。

在流浪期间，他几乎从来没有穿过一件干净漂亮的衣服，甚至都没有吃过一顿饱饭。为维持生计，他不得不寻找各种各样的工作来做。他曾经当过餐馆的杂工，也当过汽车清洁工，在农忙季节他还到农场谋一份工作。在他 16 岁的时候军队来招募士兵，虽然还不到规定的年龄，但他还是通过谎报年龄的方式参了军。军队生活虽然枯燥无味，但是却锻炼了他的身体和意志。在服役期满之后，他利用在军队中学习的技术开了一个简陋的铁匠铺。由于竞争激烈，没多久铁匠铺就被迫关门了。

他的生活几乎又回到了参军以前。不甘现状的哈伦德又通过自己的勤劳肯干谋得了一份在铁路上当司炉工的工作，而且不久以后他就因为工作表现好从临时工变成了一名正式工。哈伦德感到从未有过的高兴，因为他觉得自己终于找到了一份安定的工作，可以结束漂泊不定的生活了。

但是好景不长，在经济大萧条前夕，他失业了，而当时他的妻子刚刚怀孕。更不幸的是，就在他的事业处于低谷之时，妻子也离开了他。他到处寻找工作，却到处碰壁，但是他从来没有放弃对生活的希望。这段时间，他不得不从事多种工作，如推销员、码头工人、厨师等，但是无论哪种工作都不能长久，他不得不一次一次地更换工作以维持自己的生活。其实在这期间他也试着自己开过加油站或经营其他小生意，但是均以失败告终。后来他的朋友们都劝他不要再折腾了，说：认命吧，你已经老了。

哈伦德从来没有认为自己已经老了，所以对于朋友的劝告一直不予理会。直到有一天当邮递员给他送来一张属于他的第一份社会保险支票时，他才意识到原来自己真的老了。也许真如朋友所说，认命吧，折腾了一辈子都没有折腾出什么成就，现在已经老到了领社会保险的时候了，难道还不放弃吗？哈伦德曾经多次这样问过自己，但是每次他给自己的答案都是"绝对不能放弃"。

之后，他就用那张 105 美元的社会保险支票创办了闻名于全球的肯德基快餐店，终于在他 88 岁的时候迎来了欣欣向荣的伟大事业。

告诉你的孩子

哈伦德说的"绝对不能放弃"值得每个人铭记，他坚持不懈的精神更值得我们去学习。想想看，一个过了 80 岁的老人在经历了那么多失败与挫折之后都还不放弃，生命正鲜活的我们如何能为自己寻找理由去放弃呢？

学会考虑别人的利益

古时候，伊拉克有位国王，叫阿尔马蒙，他有匹千里马。一次，一个叫奥玛的商人路过巴格达，他看到阿尔马蒙的马，羡慕不已，提出用 10 个金币来换。但阿尔马蒙说，就是给 100 个金币他也不换。奥玛恼羞成怒，决定用诡计把千里马骗到手。

奥玛打探到阿尔马蒙每天独自遛马的路线，选了一个离城门最远、人迹罕至的地方，乔装成病重的流浪汉，躺在路旁。果然，善良的阿尔马蒙看到有人病倒在路边，赶紧把他扶上千里马，打算带他进城治病。奥玛装作有气无力的样子指了指地上的包袱，阿尔马蒙把他的包袱拾起来，系在马背上。奥玛又指了指远处

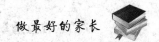

的一根木棍，阿尔马蒙以为这是流浪汉的拐棍，忙转身去捡。奥玛趁机夺过缰绳，纵马逃走。

阿尔马蒙跟在马后面追了很久，终于跑不动了。奥玛知道奸计得逞，便想奚落奚落阿尔马蒙。他勒住马，得意洋洋地对阿尔马蒙说："你丢了千里马，连一个铜子儿也没得到，都是因为你太慈悲了。你还有什么要说的?"

"马可以归你，但我有个要求，"阿尔马蒙大声说，"别告诉人们你骗走千里马的方法。"

奥玛哈哈大笑说："原来国王也怕别人嘲笑!"

"不，"阿尔马蒙喘着粗气回答，"我是担心人们听说这个骗局后，会怀疑昏倒在路边的人都是骗子、强盗。说不定哪一天，你我也会染疾，倒卧路边，那时谁来帮助我们呢?"

听了这话，奥玛一声不响地掉转马头，奔回阿尔马蒙身边，含泪求他宽恕自己的罪过。阿尔马蒙不计前嫌，请奥玛回王宫，像贵宾一样招待他，从此两人结下深厚的友谊。奥玛后来成了伊拉克历史上最受爱戴的大法官之一。

告诉你的孩子

不计前嫌，不顾个人得失，考虑别人的利益的人，是品德高尚、值得尊敬的人。

第六章 "陪伴"能让孩子具备良好的习惯

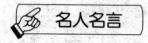

在日常事物的自理中，一盎司习惯抵得上一磅智慧。

——托·布·里德

动脑思考是一个好习惯

歌德是德国最伟大的诗人、文学泰斗，他还是一位多才多艺、知识广博的艺术家和科学家，在文艺理论、哲学、历史、艺术及自然科学等领域，都为人类作出了宝贵的贡献。

1749 年 8 月 28 日，歌德出生于莱茵河畔的法兰克福。人们称歌德是天才，事实上，歌德的才能并不是天生就有，他能取得如此成就，主要靠他父母对他的早期教育和他本人坚持不懈的努力。

歌德是家中唯一的男孩子，父亲对他寄予厚望，从他出生起，就有计划地对他进行严格的教育。当歌德还是婴儿时，父亲就抱着他去散步，还经常到郊外呼吸新鲜空气，有意识地让他多接触自然。在路上，父亲总是耐心地给小歌德讲解遇到的各种事物，培养他的观察能力和认识能力，使歌德获得不少自然知识。歌德小小年纪便知道许多植物和动物的名称和特点。

歌德的母亲出身显赫，是法兰克福市长的女儿，一位典型的贤妻良母，爱好文学，平时喜欢给儿子讲故事。为了使歌德养成多动脑勤思考的好习惯，每到关键处，小歌德正听得津津有味时，她便故意停下来，要他自己设想下面发生的事。如果歌德猜得不对，母亲也不说出结果，而是让他继续想，直到找出合理的答案为止。歌德丰富的想象力和构思能力就是那时培养出来的。他7岁就编出饶有诗趣的《新帕利斯》童话，与此不无关系。

歌德后来在回忆录上写道："这种儿童的玩意儿和劳作从多方面训练和促进了我的创造力、表现力、想象力，而且是在那样短的时间，那样狭小的地方，花那样小的代价，恐怕再没有别的途径能够有这样的成就了。"

告诉你的孩子

一位科学家说过："多动脑，勤思考，要搞科学离不了。"牛顿的"万有引力定律"也是他深入思考的结果。许多人都把动脑思考称为成功者的第一美德。一个人如想成才，那么养成多动脑、勤思考的好习惯尤为重要。

霸道让你失去朋友

在一座高高的山上，长满了密密的竹子。这里住着熊猫一家。家里有熊猫爸爸、熊猫妈妈和它们的小宝宝——咪咪。

因为只有咪咪这么一个孩子，爸爸妈妈把它看作是掌上明珠，对它百般宠爱。咪咪要什么，就给它什么，恨不得把天上的星星也摘下来给它。从早到晚，爸爸妈妈都围着它转，听它使唤，咪咪简直成了家里的小霸王。

一个晴朗的日子，黑熊妈妈带着小黑熊来到熊猫家做客。熊猫妈妈十分热情地接待了它们，还拿出一串黄澄澄的香蕉请小黑熊吃，咪咪猛地从妈妈手里夺下香蕉："这是我的！"它把香蕉全抱在怀里，一根接一根地剥着吃，嘴里还故意发出"叭叭"的声响。

爸爸又拿出花皮球给小黑熊玩，咪咪扔下香蕉，又抢过皮球："不给，不给！"

"咪咪，不许这么没礼貌！"妈妈生气了。

看到爸爸妈妈今天没依着它，咪咪放声大哭，遍地乱滚，无论对它说多少好话它都不肯起来。

真扫兴！黑熊妈妈只好带着小黑熊回家了。

咪咪这般无礼，谁也不愿再到它家做客了。可是，咪咪偏偏爱热闹，家中太寂寞了，它就跑出去找小伙伴儿玩。

刚走出门，它听见一只百灵鸟在歌唱：

"圆溜溜的太阳爬上坡……"

它朝东边一看，鲜红的太阳才露出一半儿，明明是扁的嘛！这小小的百灵鸟竟敢乱唱，咪咪大喝一声："住嘴！太阳是扁的，不是圆的。"

"什么，太阳是扁的，哈哈哈！"树上的百灵鸟大笑起来。

"你敢笑我？"咪咪抱着树猛摇起来，一边摇一边叫，"我说扁的就是扁的！"

百灵鸟被吓跑了。

咪咪来到草地上，一群小猴子正在那里骑车玩。咪咪走过去："我们来比赛骑车！"

比赛开始了，小猴子们把车蹬得飞快，咪咪笨拙地蹬着车，远远地落在了后面。它把车重重地摔在地上："骑车不算数，我们来比爬树！"

"一、二、三……"咪咪才爬了三步，小猴子们已上了树顶。

"咪咪输了，咪咪输了！"

咪咪恼羞成怒，它一掌打在一个小猴子的脸上，小猴子捂着脸呜呜直哭，它却像一个胜利者似的，大摇大摆地走了。

从此，没有谁再理睬咪咪了，只要见它来了，大家都躲得远远的。咪咪失去了所有的朋友，感到十分孤独。它找到老象爷爷，向它诉说心中的痛苦，还流下了伤心的眼泪。老象爷爷慈爱地看着它，语重心长地说："孩子，好好想一想，大伙儿为什么不愿和你在一起？想明白了，你就不再是孤独的咪咪了。

告诉你的孩子

在觉得孤单没有朋友时，不妨想一想，为什么大家不愿意跟你做朋友呢？找到那些不经意养成的坏的行为习惯，并且马上改掉它，你就能赢得友谊，告别孤独。

养成每天坚持锻炼的好习惯

竺可桢（1890——1974），浙江绍兴人，是中国气象学家和地理学家，中国近代气象事业创始人之一。

竺可桢小学毕业时，他的才学和求知精神，在同龄人中都是一流的。然而，他的个子和体重却比同龄人要差很多，显得又瘦又小，好像发育不良似的。

为了使孩子掌握更多的知识，成为国家的有用之才，父母把刚小学毕业的竺可桢送到了上海去读书。来到这个大都市后，竺可桢依然像在家乡时一样勤奋而好学，然而，他的那副单薄瘦弱的身材却成了同学们冷嘲热讽的对象。

有一天，在教室的走廊里，迎面走来几个同学，在经过竺可桢身边的时候，几个人嘻嘻哈哈、挤眉弄眼，其中一个人大声挖苦道："这副小身材，一遇台风准得飞上天。"

另一个接着说道："好一个寒酸的小矮子，准保活不过 20 岁。"

听到这些话，竺可桢十分气恼，真想走上前去狠狠地回敬他们几句，可转念一想：谁叫自己长了这么一副单薄的身子骨呢。

晚上，竺可桢躺在床上久久不能入睡，白天同学们说的话一遍又一遍地在耳边回响着，竺可桢想：既然自己立志要为国家出力，想成为一个对国家、对社会有用的人，就得有一个好身体，就得首先战胜自己病弱的身体。

"对，男子汉想到就要做到。"竺可桢立马从床上爬起来，连夜制订了一套详细的锻炼身体的计划，还手写了一条"言必信，行必果"的格言，作为警句贴在宿舍里最明显的地方，时时地提醒自己。

从那以后，竺可桢每天天一亮就从床上爬起来，到校园里跑步、舞剑、做操。即使遇到大雨天，也从不间断。

就这样，竺可桢以顽强的意志坚持了一段时间，体质明显地有了好转，以前请病假是很常见的事，自从锻炼身体后再也没有请过一次病假。

竺可桢凭着自己的勤奋与好学，凭着自己的意志与精神，身体越来越强壮，在知识的海洋中越走越远，越走越远……

告诉你的孩子

健康是 1，学业、事业、财富、前程……都是 0，当一个人拥有健康时，他可能拥有 10、100、1000 甚至更多。如果失去 1，拥有再多的 0 也是一无所有。由此，我们不难发现健康对人生的重要性。

人们常说"身体是革命的本钱"，而进行体育锻炼是保证健康体魄的重要条件。如果说寻医问药是治标不治本，而体育锻炼则是防患于未然。

做一个勇往直前的好孩子

乔很爱音乐，尤其是喜欢小提琴，在国内学习了一段时间之后，觉得国内的知识自己已经学习得差不多了，再学习下去也不会有什么进步了。于是他把视线转到了国外，但是国外没一个认识的人，他到了那里要怎么生存呀？这些他当然也想过，但是为了自己的音乐之梦，他勇敢地踏出了国门。威尼斯是他的目的地，因为那里是音乐的故乡。这次出国的费用是家里辛辛苦苦凑出来的。家里的情况他也知道，已经没有什么钱了，学费与生活费是如何也拿不出来了，所以他虽然来到了音乐之都，却只能站在大学的门外，因为他没有钱。他必须先到街头上拉琴卖艺来赚取自己的学费与生活费。

很幸运，乔在一家大型的商场附近找到一位为人不错的琴手，他们一起在那里拉琴。由于地理位置比较优越，他们挣到了很多钱。

但是这些钱并没有让乔忘记自己的梦想。过了一段时日，乔赚够了自己必要的生活费与学费后就和那个琴手道别了。他要学习，要进入大学进修，要在音乐学府里拜师学艺，要和琴技高超的同学们互相切磋，将来要登上国家音乐厅在那里献艺。乔将全部时间和精神都投注在提升音乐素养和琴艺之中……

10年后，乔有一次路过那家大型的商场，巧得很，他的老朋友——那个当初和他一起拉琴的家伙仍在那儿拉琴，而他的表情一如往昔，脸上露着得意、满足与陶醉。

那个人也发现了乔，很高兴地停下拉琴的手。热情地说道："兄弟啊，好久没见啦！你现在在哪里拉琴？"

乔说出了一个很有名的音乐厅的名字，那个琴手疑惑地问道："那里也让流浪艺人拉琴吗？"

乔没有说什么，只淡淡地笑着点了点头。

其实，10 年后的乔早已不是当年那个当街献艺的乔了，他已经是一位世界知名的音乐家，他经常应邀在著名的音乐厅中登台献艺，早就实现了自己的梦想。

告诉你的孩子

人只有经过努力奋斗，才使自己变得坚强，面对挫折与磨难，无论在学习和生活中遇到什么样的困难，你都要勇往直前。

无论贫富都应该勤俭节约

从前，在县城的西门外住着一个姓赵的商人，人称赵老爷。赵老爷有钱也很浪费。就拿吃饭来说，他家有个规矩，不管是山珍海味，还是玉液琼浆，只吃 1顿，第 2 顿不准端上桌，每顿饭都得弄新鲜饭菜。赵家的佣人也养成了大手大脚的习惯，吃不完的东西就往灶屋外的阴沟里一倒，谁也不稀罕剩菜剩饭。

离赵家 5 里路远的一座山上有个小庙，庙中住着一老一小两个和尚。师徒二人下山化缘路过赵家后院，见白生生的干饭倒在阴沟里觉得很可惜。老和尚就叫小和尚从庙里拿来一个箩筐，请赵家佣人将剩饭倒在筐里，晚上再抬回寺院，用水淘洗干净煮一煮或蒸一蒸，也可充饥。

有一年夏天赵家娶媳妇，一连热闹了 3 天，2 个和尚从赵家抬回去的剩饭有5 大箩筐。小和尚问老和尚："师父，这么多饭，我们胀破肚子也吃不完哪!"

老和尚回答："不要担心，把它用凉水泡一泡，再晒干，做成阴米，吃的时候再煮一煮，这样吃三五个月也无妨。"

光阴似箭，不知道是哪一年，赵家败落得一贫如洗，连安身之地也没有了，

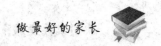

只得靠讨饭过日子。一天，小和尚化缘回来，见路边倒着一个人，仔细一看是赵老爷。小和尚很念旧情，把他背回庙中。

赵老爷在庙中一住就是 3 天，每顿吃的是白米饭。到第 4 天，他觉得自己应该当面感谢两个和尚。他来到正殿，先给菩萨叩了几个头，然后向老和尚施礼，说道："师父真是菩萨心肠，多谢二位救命之恩……"老和尚还礼："施主不必多礼，贫僧也曾受恩惠于施主。如果施主不嫌弃，在寺院住上三五载又有何妨？"赵老爷摇摇头："多谢师父好心，只是每天都用精细饭食款待赵某，如此下去，不仅寺院养不了我，我自己也无地自容。"老和尚想了想说道："请随我来。"

二人走进一间禅房，赵老爷睁大眼睛仔细一看：啊！白生生的阴米堆了半间屋。老和尚说："施主，这些都是你的。前几天你用的饭就是用这阴米煮成的。"赵老爷瞪大双眼，真是丈二和尚摸不着头脑。老和尚把事情的来龙去脉说了，最后老和尚说："饱吃不可抛撒啊！"便转身走出门去。

赵老爷面对这半间屋的米，悔恨不已。

告诉你的孩子

无论是贫穷还是富有，都应该勤俭节约，这样才能使贫者变富，富者变得更富。粮食是用来吃的，不是用来浪费的。我们都应牢记：可以饱食，但不可抛撒。

敢于怀疑，敢于提问

居里夫妇的女儿伊伦·约里奥·居里，与丈夫一起获得 1935 年的诺贝尔化学奖。她在小时候就非常活泼好动，而且总是敢于发表与别人不同的见解。

一次，物理学家朗之万给孩子们出了一个问题：把一条金鱼放进一个装满水的鱼缸里，然后把溢出来的水接在另一个缸子里，结果却发现这些水的体积比金鱼的体积小，为什么？

孩子们议论纷纷。有的说是鱼把水喝到肚子里去了，有的说是水渗到鱼的鳞片中间了……伊伦却在想浮力定律——浸在水中的物体所排开水的体积应当与物体体积相等，因此，物理学家朗之万所说的"溢出的水的体积比金鱼的体积小"是不对的，应该相同才对。

伊伦勇敢地站起来，大声地说："把金鱼放进一个装满水的鱼缸里，溢出的水的体积与金鱼的体积是相同的，不可能像您所说的'溢出的水的体积比金鱼的体积小'，教授您说错了吧！"

孩子们都哈哈大笑起来，有个孩子站起来说："教授是知识渊博的大物理学家，他怎么会弄错了呢？"朗之万微笑着点了点头，让孩子们第二天再来讨论。

回家后伊伦去问妈妈。居里夫人让她动手试试看。于是她从实验台上取了个缸子，又弄来一条金鱼，开始做实验，结果溢出的水的体积与金鱼的体积一样。第二天一上课，她就问物理学家朗之万，为什么给他们提出一个错误的结论，并详细地描述了自己的实验经过和结果。

物理学家朗之万听完，赞赏地笑了，同学们也都对伊伦投去了敬佩的目光。

告诉你的孩子

敢于发表与别人不同的见解，是一种一丝不苟、实事求是的科学态度，是研究科学、学习科学的重要途径，也是做人做事应有的美德。

敢于承认自己的错误

台湾作家三毛生长在一个经济并不宽裕的家庭里。每个孩子每月只有 1 块零用钱，而且这 1 块钱也没有完全支配的自由，还得由大人监督着使用。过年的压岁钱，大人要收回去做学费和书钱。三毛的这种经济状况远远满足不了她的需要。有个星期天，三毛走进妈妈的卧室，看见五斗柜上躺着一张耀眼的红票子——5 块钱，她的眼睛一下子直了。有了它，能够买多少糖纸啊？三毛的脚一点点地向票子挪去。当她挪到能够抓住那张票子时，突然像听到有人吼了一声，吓了她一跳。她很快定下心来，目光扫视了房门口后，猛地伸手一抓，将红票子抓到手里，双手将它捏成纸球，装进了口袋。

吃中午饭时，妈妈自言自语地说："奇怪，刚才搁的一张 5 块钱怎么不见了呢？"姐姐和弟弟只顾吃饭，像没听见。三毛有点儿坐不住了，她搭腔道："妈妈，是不是你忘了放在什么地方了？"这一关过去了，但到晚上脱衣服睡觉时，三毛害怕了，她怕妈妈摸她的裤袋。当妈妈伸手拉她的裤子时，三毛机灵地大叫："头痛！头痛！我头痛呀！"三毛的这一手还真灵。妈妈顾不上拉她的裤子了，赶快找到温度计让她夹在胳肢窝里。当妈妈和父亲商量着带三毛看医生时，三毛半斜着身子，假装呼呼地睡着了……

过了一天，三毛被拉去洗澡，妈妈要脱她的衣服，这一次三毛应付的方法是哭。妈妈见三毛不让自己给她脱衣服，便叫佣人来侍候三毛。在换衣之际，三毛迅速把 5 块钱从裤子口袋转移到手心里。洗澡的整个过程中，她都死死地捏着那 5 块钱。三毛一面洗澡，一面在脑子里策划如何扔掉这个弄得自己坐立不安却又不能继续背下去的包袱。在她转动小心眼的时候，时间不断地流逝，外面等着洗澡的人把门敲得咯咯响。管它呢，就这样办了。

浴室门一开，三毛箭一般地跑进了母亲的卧室，不等穿好衣服。便将手里那块烫嘴的"小排骨"扔进了五斗柜和墙的夹缝里。

次日早晨，三毛像发现新大陆一样，惊讶地大叫一声："哎呀，妈妈，你的钱原来掉在夹缝里了！"全家人相对一笑。妈妈给三毛找了个台阶下，她说：

"大概是风吹的吧，找到了就好！"后来姐姐和弟弟向三毛透露了一个秘密："我们都偷过家里的钱，爸爸妈妈也都知道。这一次爸爸妈妈也是在等着你自己拿出来。"三毛好后悔，原来大家一直在观看自己演戏。

每个人都会有过失，但过失可以教给你的却是你在任何地方都不可能学到的。然而，惟恐犯错的心理往往使人们不去尝试新事物或承担风险。

告诉你的孩子

勇敢地面对错误，承担责任。这样你才会吸取教训，从失败中学习和成长。

把阅读养成习惯

高尔基小时候，家里生活很贫苦，他只上过 5 个月的学。

11 岁那年，他成了孤儿，被迫到一个绘图师家里去当学徒。贫困剥夺了他上学的机会，可他却千方百计地找书看。

白天，他干着那些永远干不完的活，到了晚上，他就想把全部的空闲时间用来看书。可是主人却不允许他读书，高尔基只好等主人一家全都睡觉后，再偷偷地到楼顶小屋里去读书。没有灯，他就借着月光，还别出心裁地用一只铜锅把月光反射过来，这样就可以看见书上的字了。在没有月光的夜晚，他就爬上高高的木凳，在主人家供奉圣像的长明灯下，借着微弱的灯光看书，有时一站就是几个小时。

绘图师家里的老板娘经常到阁楼上去搜书，一发现高尔基读书，就打他、骂他，烧他的书。这些都没有动摇高尔基刻苦读书的决心。他说："我扑在书籍上，像饥饿的人扑在面包上一样。"

有一次，老板娘出门买菜去了，高尔基拿起一本书就看起来。由于他看书着了迷，结果把空水瓶放到了烤炉上，把水瓶烧坏了。老板娘回来后发现了，气得用木棍对着高尔基的背上抽，有 42 根刺扎进了高尔基的后背里，肿起了很多大包，他当场晕了过去。

在医院里，医生轻轻地把高尔基背上的刺拔了出来，对高尔基说："老板娘不让你看书，还打你，你可以去法庭告她！"高尔基吃力地说："如果她能让我看书，就是挨打我也愿意。"

把读书当作超越一切的享受使高尔基积累了渊博的知识，后来成为世界著名的文学家。

告诉你的孩子

阅读是获取知识的主要途径，优秀的读物能滋润我们的心灵。如果我们真正把阅读当成一种乐趣、视作一种享受，那么就能在阅读中感受快乐，获得美感，进而增长知识，涵养精神，提升道德水准，升华人格。

学会用你的眼睛观察生活

1583 年的一天，伽利略早早来到教堂做礼拜。教堂的大门刚刚打开，他随着三三两两的人群走入大厅时，第一束晨光才从天窗中射进来。教堂里黑黑的，礼拜还没有开始，伽利略坐了下来，默默地开始了虔诚的祈祷。

忽然，伽利略觉得眼前渐渐明亮起来，地上却出现了一片桌椅的影子，并在不停地晃动着。他下意识地抬头看去，原来一个勤杂工在点燃教堂里豪华的大吊灯之后，没有把它放稳，大吊灯正在有节奏地摇摆着，使得桌椅的影子也随之晃动。

原来如此。伽利略正准备继续他的祈祷，这时，他猛然意识到，大吊灯摆动的周期似乎总是恒定的。伽利略还发现，吊灯摆动的幅度虽然在逐渐减小，但周期始终是相等的。他为这一发现而兴奋，立即跑回家中。

回到家里，他先是爬上屋顶拴了一根长长的绳子吊下来，然后，把一切能找到的东西诸如茶缸、书籍、枕头、椅子等依次拴在绳子上摆动计时。经过几天的观察发现，不管绳子吊着的物体多重，也不管振动的幅度多大，只要摆长一样，周期始终是相等的，这就是单摆的"等时性"。此时伽利略年仅 18 岁。

在这以后的一个时期里，伽利略决定运用这一原理研制一种精确的"摆钟"，并绘制出摆钟的图纸。但是由于各项科研工作都比较繁忙，他没来得及制作就与世长辞了。

几十年后，荷兰著名物理学家惠更斯在伽利略研究的基础上又进行了多年的研究工作，终于在 1656 年实现了伽利略的遗愿，制成了第一架摆钟。

告诉你的孩子

观察是一个人认识事物的重要途径，是智力活动的基础，是完成学习任务的必备能力。没有敏锐的观察力，就谈不上聪明，更谈不上成才。细致是培养观察的基本要求，准确是观察的基本要素，全面是观察的基本原则，发现特点是观察的目的。

说到就要做到

诸葛亮是三国时期著名的军事家，是当时蜀国的丞相。那时，他率领 10 万蜀军正在祁山与 30 万魏军对阵。很显然，10 万人对 30 万人是很难取胜的。可是就在这紧急关头，诸葛亮队伍里却有 1 万人服役期限已满，长期在外征战的士兵们自然非常希望能够尽快回家。这对诸葛亮来说无疑是雪上加霜。本来 10 万人和 30 万人就已经有很大差距，如果再离去 1 万人，蜀军的战斗力将会受到很大影响。对此，服役期已满的士兵们也非常担心，他们心想：要回家乡的愿望准实现不了了！这时，考虑到作战的需要，一些将领们向诸葛亮建议：应该让老兵延期服役一个月，待大战结束后再让老兵回家。

但是，诸葛亮却说："治国治军必须以信为本，如今老兵个个归心似箭，他们的父母、妻子、儿女也一定在家里望眼欲穿，我怎么能说话不算数呢？如果我今天说的话不去做，那么以后大家还会相信我说的话吗？"说完，诸葛亮发布命令：让服役期满的老兵按时返家。

当老兵得到可以回乡的消息以后，他们简直不敢相信自己的耳朵。他们一个个激动得热泪盈眶。最后，大家一致决定不走了，他们说："丞相对我们这么好，他说话算话，实在让我们想不到。现在正是丞相用人的时候，我们怎么能走呢？我们心甘情愿留下来，报答丞相的信义！"老兵的话和他们的激动情绪对在役的士兵也是一个鼓励，蜀军上下自然群情激愤、士气高昂，终于以少胜多打败了魏军。

诸葛亮为什么胜利了呢？说话算数是其中一个很重要的原因。

告诉你的孩子

说话算数，说了就要去做，是我们与人相处的一个重要的好习惯，也是一种做人的美德。只有守信的人才能得到别人的尊重和理解，才能成就大事业。

有效地利用时间

如何分配孩子的学习时间和游戏时间，是父母十分关心的问题。那么，著名的教育家威特是怎么做的呢？事实上，在威特的教育之道里，根本就没有什么学

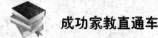

习时间和游戏时间的区分。在游玩、散步和吃饭时，威特总是想方设法地丰富威特的知识。在小威特学习功课时，威特绝不允许有任何人或任何事去干扰他。起初，小威特平均每天学习15分钟的功课。在这个时间里，小威特如果不专心致志地学习，就会受到父亲的批评。在学习时，妻子和仆人有事找小威特，他就会拒绝说："现在不行，威特正在学习。"有客人来访，他也不让小威特离开座位，他会说："请稍等片刻。"这样做当然是为了使小威特养成认真对待学习的习惯。

威特很重视培养儿子做事果断迅捷的习惯。如果小威特做某件事磨磨蹭蹭，即使做得再好他也不满意。这对培养小威特雷厉风行的作风起了很大的作用。

威特严禁儿子在学习语言和数学等知识上敷衍了事，而要他养成精益求精的精神。他的教育方法就像砌砖头一样一丝不苟，他认为不这样就收不到好的效果。有些所谓的学者，在说话或写文章时喜欢用一些装腔作势的语言，令人费解。威特认为，这是由于这些人在学习时代对词义领会不深、学得不透的缘故。他说这些学者都是冒牌货，并耻笑那些把这种人奉为伟大学者的人。精益求精，是威特教育思想的一个重要组成部分。

由于威特引导有方，小威特养成了良好的学习习惯，直到晚年他依然在感激他父亲的教诲。

有人一定会说，威特这陈旧的教育方法一定消耗了大量的时间。然而，事实并非如此，他每天只花费一二个小时教小威特。作为一个牧师，他的工作非常忙，即使想抽出更多的时间也不可能。他在书中写道："通过对小威特的教育，我第一次领悟到儿童的发展潜力是多么大。"

小威特到八九岁的时候，某些学科的水平已超过了父亲。

告诉你的孩子

如何有效地利用和管理时间，关系到学习的最终效率。合理利用时间的习

 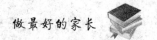

惯，是良好学习习惯的重要组成部分，它能帮助你把有限的时间合理地投入到无限的学习中去。

善于与他人合作

一个老人有 7 个儿子，但他们经常为了一些小事争吵。一些坏人常挑拨七兄弟的关系，希望等他们父亲死后可以骗取他们的财产。后来，老人知道了这个阴谋。

临终前的一天，他把 7 个儿子都叫到跟前，指着捆在一起的 7 根木棍说："谁能把这捆木棍折断，谁就能得到我的遗产。"

每个儿子都想得到父亲的遗产，都使出全身的力气去折那捆木棍，但没有一个人能把这些木棍折断。

"孩子们，其实要折断这些木棍很简单。虽然我现在老了，但是即使像我这样的人都能折断它们。"父亲说。然后他将木棍捆儿打开，很轻松地将它们一根一根地折断了。儿子们这才恍然大悟。

"我的孩子们，你们就像这些木棍，只要你们团结在一起，互相帮助，你们就会很强大，任何人都不能伤害你们。但是如果你们分开，任何人都能把你们一个一个地折断。我活着还能把你们捆在一起，我就像捆这些棍子的绳子，但是我就要离开你们了，没有了捆绑你们的绳子，你们还能团结在一起、互相帮助吗？"老人语重心长地说。

儿子们终于明白了父亲的良苦用心，7 双手紧紧地握在了一起。

看到儿子们这样团结，老人终于放心地离开人世了。

告诉你的孩子

俗话说"兄弟齐心，其利断金"，只有齐心协力才有可能把事情办得又快又好。

合作与交流是未来发展、适应社会、立足社会不可缺少的重要素质。社会上的人是相互联系的，孤立存在的人是没有的，特别是现代社会，更讲求合作精神，因此，从小培养合作意识和能力是十分重要的。